大数据时代下农业经济发展的探索

马振琴 徐武刚 张炫炜 ◎著

吉林科学技术出版社

图书在版编目（CIP）数据

大数据时代下农业经济发展的探索 / 马振琴，徐武刚，张炫炜著. -- 长春：吉林科学技术出版社，2022.9
ISBN 978-7-5578-9615-7

Ⅰ．①大… Ⅱ．①马… ②徐… ③张… Ⅲ．①农业经济－经济发展－研究－中国 Ⅳ．①F323

中国版本图书馆 CIP 数据核字(2022)第 181029 号

大数据时代下农业经济发展的探索

著	马振琴 徐武刚 张炫炜
出版人	宛 霞
责任编辑	郝沛龙
封面设计	金熙腾达
制 版	金熙腾达
幅面尺寸	185mm×260mm
字 数	253 千字
印 张	11.25
印 数	1-1500 册
版 次	2022年9月第1版
印 次	2023年4月第1次印刷

出 版	吉林科学技术出版社
发 行	吉林科学技术出版社
地 址	长春市福祉大路5788号
邮 编	130118
发行部电话/传真	0431-81629529 81629530 81629531
	81629532 81629533 81629534
储运部电话	0431-86059116
编辑部电话	0431-81629518
印 刷	三河市嵩川印刷有限公司

书 号	ISBN 978-7-5578-9615-7
定 价	70.00元

版权所有 翻印必究 举报电话：0431-81629508

前　言

我国作为农业大国，农业是我国经济发展的重要支柱，对国家的发展和人民的生活具有至关重要的作用。在新时代的背景下，我国现代化农业飞速发展，为满足时代发展的需要，须不断改革创新传统农业经济管理模式。因此，在发展过程中要科学合理运用现代化科学技术，促进我国农业的转型。农业大数据在农业经济管理中的应用，能够有效将整个农业体系有机联系在一起，落实农产品生产销售一体化，打造现代化农业产业链，满足农业市场需求，提升农业生产效益，提高我国农业经济管理水平，推动我国农业健康可持续发展。

农业生产活动会受到各种因素的影响而产生数据信息，比如，受到农业地域差异、季节性等影响，这些因素都会产生较大的数据信息。而当前随着科学技术的发展，有很多电子设备出现在人们的生活中，也导致了数据信息的大幅度增加，在搜索信息的过程中如果仍然利用传统的方式难以找到合适的信息数据，这也会影响社会发展。科技进步能够对农业生产和发展起到积极的推动作用，想提升农业经济的发展水平就必须利用先进的技术手段来发展农业。而农业大数据技术能够通过特定的数据处理技术，充分挖掘农业数据信息，为决策管理者制定并推行重大决策提供重要的参考依据。同时大数据能够加快普及农业科学技术，提供准确决策的依据，为高效推进农业大数据技术的深度融合提供方向保障。大数据具有信息更新速度快、精准性高、数量庞大等特点，在今后的发展中将会以每年50%的速度迅速增长。根据这些特点能够分析出农业大数据对于农业经济管理有着至关重要的影响，在农业生产过程中利用大数据能够有效促进农业科学的可持续发展。

现如今，大数据还呈现出了多样化的发展趋势，这些海量的数据不仅内容不同，包含的方面不同，还有很多非结构化形式，所以农业生产过程中会受到各种因素的影响。相关单位应该及时对这些数据进行搜集和分析，有效利用这些数据信息指导农业生产活动。

目前，农业大数据在农业经济管理中的应用仍存在一些问题。在新时代的背景下，人们的生活质量和水平不断提高，传统农产品难以满足人们的需求。由于气候问题和自然灾害频发，导致农产品资源短缺，农业生态受到严重威胁，同时对生物多样性造成很大影响。而在大数据应用过程中，由于农业大数据技术对农业领域数据信息采集不完善，且我国农村网络基础设施建设具有明显的滞后性，农村地理条件复杂，人口较分散，规模经营的农民较少，互联网相关技术成本较高，这些现状在一定程度上大大降低了数据信息选择的质量和效率，导致农业大数据难以真正发挥自身的价值。现代化农业发展过程中，由于大数据技术人才严重不足，国家政府不能给予一定的支持和扶持，且没有具有针对性的政策、方针对其进行指导，使得农业数据信息采集困难，在处理方面出现了漏洞，严重阻碍了农业大数据下现代化农业的发展。因此，我们有必要对大数据时代下农业经济发展这一问题进行探索。

  本书共有六章。第一章系统分析了农业、农产品、农产品市场等问题；第二章具体分析了农业经济发展过程中的各种生产要素；第三章针对大数据与农业经济的关系进行了探讨；第四、五、六章则围绕大数据时代下农业经济与乡村旅游、区域农业经济精准发展、智慧农业发展等问题进行了分析。本书紧贴时代发展，选题角度新颖，对于分析农业经济的发展，探讨农业经济未来的发展方向具有一定的实用意义。同时，本书由基础理论入手，对具体问题进行剖析，层层深入，逐步展开，内容结构系统，且符合逻辑，十分合理。

  总而言之，农业大数据能够有效促进我国传统农业向现代化农业转变，对我国农业发展具有积极作用和重要影响。农业大数据能够不限地域和季节对我国农作物种植、管理、收获进行信息构建，依托互联网技术对农业信息进行共享。创新传统农业管理模式，将农业和现代化大数据有效结合，能提高我国农业经济效益，为我国经济一体化提供基础和保障，促进我国现代化农业健康可持续发展。因此，我们要在未来的学习和工作中对其进行持续不断的探索。

作者

2022 年 5 月

目录

第一章　农产品供需与市场经济分析 ………………………………… 1
- 第一节　农业认知 ………………………………………………………… 1
- 第二节　农产品供给与需求 ……………………………………………… 16
- 第三节　农产品市场的常见类型 ………………………………………… 19
- 第四节　农业结构与市场经济规律的协调发展 ………………………… 29

第二章　农业经济发展的生产要素解读 ……………………………… 34
- 第一节　土地与水资源 …………………………………………………… 34
- 第二节　农业劳动力资源 ………………………………………………… 53
- 第三节　农业技术进步 …………………………………………………… 57
- 第四节　农业中的资金 …………………………………………………… 61

第三章　大数据时代与农业经济发展的关系思辨 …………………… 70
- 第一节　大数据的产生及其影响 ………………………………………… 70
- 第二节　大数据技术与相关领域应用 …………………………………… 75
- 第三节　大数据在农业经济发展中的作用 ……………………………… 81
- 第四节　大数据促进农业经济发展的对策 ……………………………… 83

第四章　大数据时代下农业经济与乡村旅游的协调发展 …………… 87
- 第一节　旅游与旅游业概述 ……………………………………………… 87
- 第二节　乡村旅游与产业融合发展 ……………………………………… 99
- 第三节　乡村旅游资源分类与产品开发 ………………………………… 104
- 第四节　农业经济与乡村旅游协调发展策略 …………………………… 111

第五章　大数据时代下区域农业经济精准发展探索……116

  第一节　区域经济理论与中国区域差异…………………………116

  第二节　区域农业经济发展的作用体现…………………………131

  第三节　区域农业经济精准发展的大数据支持…………………132

  第四节　区域农业经济精准发展模式……………………………134

  第五节　区域农业经济精准发展模式的创新策略………………135

第六章　大数据时代下智慧农业助推农业经济发展探索………136

  第一节　智慧农业的发展脉络……………………………………136

  第二节　智慧农业框架及技术解读………………………………161

  第三节　大数据助推智慧农业发展………………………………167

  第四节　构建智慧农业平台助推农业经济发展…………………169

参考文献……………………………………………………………………171

第一章　农产品供需与市场经济分析

农业经济是我国国民经济当中非常重要的一个生产模块，农业属于生产当中的第一产业，从我国国民经济的组成结构中可以发现，我国是以第一产业为主的农业大国，这是我国的基本国情，因此农业结构调整的成功与否会直接影响我国市场经济的发展。本章从农业理论分析入手，分析了农产品供需、农产品市场、农产品供需与市场经济的问题。

第一节　农业认知

一、农业的概念与特性

（一）农业的概念

农业是人们利用太阳能，依靠生物的生长发育来获取产品的社会物质生产部门。农业生产的对象是生物体，获取的是动植物产品。农业一般指植物栽培业和动物饲养业。植物栽培是指人们通过绿色植物利用太阳的光、热和自然界的水、气以及土壤中的各种矿物质养分，加工合成为植物产品；动物饲养是指人们以植物产品为基本饲料，利用动物的消化合成功能，转化成动物性产品。因此，农业的本质是人类利用生物机体的生命力，把外界环境中的物质和能量转化为生物产品，以满足社会需要的一种生产经济活动。

（二）农业的特性

农业是人类利用生物有机体的生命活动，将外界环境中的物质和能量转化为各种动植物产品的生产活动。因此，农业的特性表现如下。

（1）农业生产是一种自然再生产过程。农业是利用生物有机体生长发育过程进行的生产，是生命物质的再生产，因而也是有机体的自然再生产过程。例如，种植业和林业的生产过程同时也是绿色植物的生长、繁殖过程。在这一过程中，绿色植物从环境中获得二氧化碳、水和矿物质，通过光合作用将它们转化为有机物质供自身生长、繁殖。畜牧业和渔业的生产过程同时也是家畜和鱼类的生长、繁殖过程。在这一过程中，家畜和鱼类以植物或动物产品为食物,通过消化合成作用(新陈代谢)转化为自身所需的物质以维持自身的生长、繁殖,将植物性产品转化成动物性产品。动植物的残体和排泄物进入土壤和水体后,经过微生物还原,再次成为植物生长发育的养料来源,重新进入生物再生产的循环过程。显然,生物的自然再生产过程有自身的客观规律,它的发展严格遵循自然界生命运动的规律。农业生产的对象是动植物和微生物,它们都是有生命的有机体,其生长、繁殖都依赖一定的环境条件,并遵循一定的客观规律。人类通过劳动可以改变这些有机体生长、繁殖的环境条件,或者直接干预其生长和繁殖的过程,从而获得自己生活、生产和发展所需要的食物和其他物质资料。随着科学技术的发展,人类对动植物生长发育规律的认识日益深入,改变动植物生长发育过程及其环境条件的手段日益加强,农业生产提供的动植物产品也日益丰富。

(2)农业生产也是一种经济再生产。农业生产者在特定的社会中结成一定的生产关系,借助一定的生产工具对劳动对象进行具体的生产活动,以获得所需要的农产品。这些农产品可以供生产者自己消费,也可以作为生产资料进入下一个农业生产过程,还可以通过交换获取生产者所需要的其他消费和生产资料。经过交换的农产品可能有一部分进入消费过程,另一部分则进入下一个生产过程,或进入其他生产领域。农业生产者利用自己生产的农产品以及通过交换获得的其他生活和生产资料,不仅可以满足自身的生存需要,还可以不断进入下一个生产过程,保持农业生产周而复始地进行下去。

(3)农业是自然再生产与经济再生产相交织的过程。综上所述,农业生产最根本的特征就是自然再生产过程与经济再生产过程的有机交织。单纯的自然再生产过程是生物有机体与自然环境之间的物质、能量交换过程。如果没有人类的劳动与之结合,它就是自然界自身的生态循环过程而不是农业生产。作为经济再生产过程,农业生产是人类有意识地干预自然再生产过程,通过劳动改变动植物生长发育的过程和条件,借以获得自己所需要的动植物产品的生产过程。因此,这种对自然再生产过程的干预必须符合生物生长发育的自然规律,同时也要符合社会经济再生产的客观规律。

由农业自然再生产和经济再生产相交织这一根本特性派生出了农业中运用自然规律与经济规律相结合性、生产时间与劳动时间不一致性,以及联合生产、外部性、公共产品性、弱质性和不稳定性等一系列特性。

二、农业的类型及其演变

(一)原始农业

原始农业在新石器时代早期(大约12 000年前)出现雏形,一直延续到铁器工具问世,历时约7000年。这是由采集、狩猎逐步过渡而来的一种近似自然状态的农业,属农业发展的最初阶段。其生产上的特征是采用简陋的石器、棍棒等生产工具和粗放的耕作方法，从事简单的农事活动，对自然力的依赖性很强；其组织上的特征是需要开展小范围的社区合作，家庭不是相互独立的经营主体。其最突出的成就是在野生动植物驯化方面获得了突破。

（二）传统农业

传统农业始于铁器时代。发达国家延续到20世纪初，大多数发展中国家至今仍停留在传统农业阶段。其生产特征是采用铁锄、铁耙、铁犁、耧车、风车、水车、石磨等金属和木制农具，以畜力为主要动力，生产技术主要来自农民世代积累的经验，技术长期保持不变，传统生产要素的需求和供给处于长期均衡状态；其组织上的特征是以家庭为生产单位，以满足家庭需求为主，微观层面上的生产结构具有很强的同质性，尚未形成家庭的专业分工。最突出的成就是找到了用地和养地相结合、种植与养殖相结合、维持自然生态平衡的生产方式，具有低能耗、低污染等特征。

（三）现代农业

现代农业是应用现代高新技术、生产要素和科学管理方法的农业。其特点是：（1）生产运行市场化。即依靠市场调节农业资源配置，具体包括农产品和农业生产要素的市场化，以及调节机制的市场化。（2）资源配置合理化。农业生产要素在生产商品化的基础上进行合理配置，使有限的生产要素投入取得尽可能大的产出效果。具体表现为劳动生产率大幅度提高、专业分工日益深化、产业结构日趋合理。（3）发展模式持续化。有效解决了毁林开荒、过度放牧等滥用土地以及滥用能源的危害。（4）组织管理协调化。包括产前、产中、产后的部门协调，生产与生态的关系协调，以及农业多功能的协调。

现代农业是一个动态、综合的概念。它的内涵随着经济社会的发展而不断丰富与深化。在演进过程中，机械对役畜的替代、实验科学对经验的替代、技术进步对自然资源的替代、"大而专"对"小而全"的替代表现得越来越显著，生产的区域化和企业化特征会表现得越来越显著，产业的竞争力会表现得越来越显著，农产品供给之外的生活休闲、生态保护、文明传承等功能会表现得越来越显著。

现代农业类型有：（1）资本集约型：适宜地广人稀的国家，如美国、加拿大。其技术创新的路径为先机械化，提高劳动生产率；后生物技术化，提高土地生产率。（2）劳动集约型：适宜人多地少的国家，如日本、荷兰。其技术创新的路径为先生物技术化，提高土地生产率；后机械化，适当提高劳动生产率。（3）中间型：适宜工业相对发达，劳动力和耕地资源都不太丰富的国家，如英国、法国。其技术创新的路径为生物技术和机械技术互为支撑，劳动生产率和土地生产率共同提高。

现代农业模式有：（1）绿色农业。它是灵活利用生态环境的物质循环系统，应用农药安全管理技术（IPM）、营养物综合管理技术（INM）、生物技术和轮耕技术等，保护生态环境的农业，也是无公害食品、绿色食品和有机食品生产的总称。（2）工厂化农业。它是综合运用高科技、新设备和管理方法，使农业摆脱自然界制约的农业。（3）休闲农业。它是利用当地的农业自然环境、农业生产场地、农业人文资源等形成农业生产与观光旅游相结合的农业。游客可以观光采摘、体验农作、了解农民生活、享受乡间情趣。（4）假日农业。它是城郊农民将耕地划成若干小块出租给城里人，主要生产活动由城里人在假日里进行，平时的作物管理由农民承担的农业。城里人既能锻炼身体，又能领略田园风光；农民既减少了投入，又增加了收入。

（四）多功能农业

从发展趋势看，农业的功能会不断拓展。随着农业功能的拓展，农业的内涵会越来越丰富，农业产业体系会越来越健全，农业在经济社会中的地位会越来越重要。

农业的多功能性来源于农业产出的多效用性。其中，农业的经济效用是指农产品的经济价值；生态效用是指农业生态系统所具有的调节气候、净化环境、维持生物多样性等价值；社会价值是指经济功能和生态功能等转化为社会功能的间接价值；文化价值是指农业生产系统所构成的自然和人文综合景观带给人们的休闲、审美和教育的价值，以及维护农村文化多样性遗产、传承传统历史文化的价值。

积极发展多功能农业，是21世纪的一项重大战略任务，也是农业发展的一次历史性机遇。多功能农业的发展应注重三个方面：一是注重绿色。以资源高效和循环利用为核心，以生态农业、绿色产业为抓手，增强市场竞争力。二是注重休闲。利用农业和农村自然环境、田园景观、农业设施、农耕文化、农家生活等旅游资源，实现第一产业、第二产业和第三产业的有机融合。三是注重文化。要将农耕文化、民族传统文化、地方特色文化的传承作用发挥出来。

三、农业的地位

（一）农业在国民经济中的地位

农业是国民经济的基础，在国民经济中占有重要地位。农业的重要性主要表现在以下两个方面：首先，农业是提供人类生存必需品的生产部门。迄今为止，人类所需要的最基本的生活资料及其原料，只能由或者主要由动植物（准确地说，还包括微生物）产品来提供。用工业方法合成食物的前景还相当遥远，也许根本不会成为提供食物的主要途径。因此，不论过去还是可以预见的未来，农业都是人类社会的衣食之源和生存之本。其次，农业的发展是社会分工和国民经济其他部门成为独立的生产部门的前提和进一步发展的基础。在古代，农业是整个社会的决定性生产部门。在古代农业生产力低下，人们为了生存，不得不以几乎是全部的劳动力去从事农业生产，社会的生产基本上就是农业生产。以后随着农业生产力的不断发展，农业劳动生产率不断提高，剩余农产品不断增多，社会才能把日益增多的劳动力从农业中分离出来，从事农业以外的生产活动和文化、政治活动，工业、商业等经济部门才得以逐渐独立出来。只是到了近代才形成"纯粹"的农业（现代的农业产业）和国民经济其他部门相并立的格局。独立出来的其他国民经济部门的进一步发展必须依赖于农业的稳步发展，这是一条普遍规律。任何国家的国民经济的发展如果不是以本国农业为基础，就是以外国的农业为基础。

（二）农业在不同国民经济发展阶段中的地位

纵观世界各国经济发展的历史与现实，农业在国民经济的不同历史发展阶段，地位有所不同，大致可以分为两个阶段。

（1）农业支持国民经济发展阶段。在社会经济发展的初期，农业是国民经济中的最主要生产部门，其产值和劳动力在国民经济中都占有很大的比重，国家工业化所需要的资本原始积累主要来自农业剩余的转移。首先，农业对国家工业化的发展所做出的这种牺牲符合社会经济发展的需要，符合整个社会福利最大化的要求。这是因为人们在满足了农业提供的基本食品需求以后，产生了更多的物质和文化生活需求，要满足人们这些更高级的需求，非农产业必须得到更快的发展。其次，农业对国家工业化的这种支持也符合农业本身发展的需要。随着经济的发展，社会对农产品需求的数量和质量都在不断提高，农业本身的发展，需要农业外部能量的投入，需要技术进步和人力资本增长（农业劳动力的数量将逐渐相对下降到绝对减少）的支撑，传统农业的改造和现代化的实现必须依赖于二、三产业的发展。工业革命在于农业革命的先期，然而没有国家的工业化，也就没有农业的现代化。在经济发展的过程中，农业对国民经济发展的支撑作用，不单是简单的农业剩余向非农产业的转移，而且农业还是工业品的市场。在转移农业剩余的过程中要注意让市场发挥基础性作用，从农业中所转移的经济利益绝对不能超过农业剩余，否则农业连简单再生产都难以维持，扩大再生产就不可能实现。农业不能够扩大再生产，就不能够满足社会日益增长的对农产品的需求，国家工业化的发展也将受到制约。因此，在国家工业化的发展过程中，要十分注意保护农业扩大再生产的能力，绝对不能为了国家工业化的发展而对农业采取竭泽而渔的政策，否则欲速则不达。

（2）国家对农业实行保护阶段。随着国家工业化的发展，非农产业逐渐发展壮大起来，农业逐步完成了为国家工业化提供资本原始积累的历史重任，非农产业完全能够依靠自身的积累而得到更快的发展。而农业由于自身的上述特性使得其贸易条件不断恶化，比较优势逐步丧失，比较利益越来越小，市场本身的发展难以使农业适应社会与经济发展的需要，为了维护农业的基础性地位，为了实现社会的公平，就有必要对农业实行保护性政策。这是社会经济发展到一定阶段的必然选择。

四、农业的贡献

在人类社会发展的历史进程中，尤其是在由农业国转变为工业国的工业化过程中，农业做出了重要贡献。根据西蒙·库兹涅茨的经典分析，农业对经济发展有四种形式的贡献，即产品贡献、要素贡献、市场贡献和外汇贡献。

（一）产品贡献

农业的产品贡献表现在两个方面：第一是食品贡献，第二是原料贡献。

食品是人类生活中最基本的必需品，非农产业部门的食品消费主要来源于农业部门。只有农业生产者生产的食品超过维持自身生存需要而有剩余的时候，国民经济中的其他部门才能得以发展。从理论上来说，国内食品生产的不足可以通过进口来加以解决，但实际上大量进口食品将会受到政治、社会和经济等多种因素的制约，使得食品供给完全依赖国际市场，具有较大的风险。

随着经济的发展，农业总产值的绝对量肯定会不断增加，但农业在国民生产总值中的比重将会不断下降。农业产值份额下降的普遍性被称为农业产值份额下降的规律，导致这一规律形成的主要原因是农产品的需求收入弹性（收入每增加1%引起需求增加比例的大小）小于非农产品。由于农产品需求收入弹性不足，随着收入水平的提高，人们用于食物消费的支出在总消费支出中的比重是不断下降的，这就是著名的恩格尔定律。食物消费份额的下降，必然导致生产食物的产业在国民经济中的份额下降。

农业除了对于国民的食品贡献以外，还有对国家工业发展所做的原料贡献。在工业化的早期，一般国家的工业以农业原料加工业为主，所以工业的发展与农业发展是十分密切的。虽然农业产值占国内生产总值（GDP）的份额一般来说会随着实际人均GDP的增长而下降，但由于以农产品为原料生产的工业品的需求收入弹性一般大于原料本身的需求收入弹性，所以，如果我们考虑到食品加工、服装、制鞋、饮料、烟草工业的发展，农业相对重要性的下降速度就缓慢得多。

（二）要素贡献

农业对国民经济的要素贡献，是指农业部门的生产要素转移到非农产业部门，从而推动非农产业的发展。农业部门所提供的生产要素有劳动力、资本和土地。

在人类社会发展的最初阶段，农业是唯一的生产部门。随着农业劳动生产率的提高，农产品出现剩余，使得农业劳动力能够向非农产业转移，从而为非农产业的发展提供了最基本的生产要素。可见，没有农业部门的劳动贡献，就很难有其他产业部门的形成和发展。在现代经济发展初期，农业中存在较多的剩余劳动力，非农产业部门所需的劳动力可以从农业部门得到资源补充，这使得非农产业的发展得以顺利进行。但是，对于发展中国家来说，非农产业的发展难以吸纳农业所产生的剩余劳动力。同时，对于非农产业发展来说，来自农业的劳动力有效供给不足，即大量低素质的劳动力供给过剩。

非农产业的发展需要农业提供大量资本。第一，在经济发展初期，农业作为国民经济的最主要部门，实际上是国内储蓄与投资的主要来源。中华人民共和国成立初期，依靠农业积累发展工业，促进工业的快速发展，采取剪刀差的政策从农业获取资本。第二，在多数情况下，非农产业的资本/产出比率要高于农业，所以，从要素配置来看，资金应当总是流向能获得更多收益的部门。第三，即使农业部门与非农部门的资本/产出比率完全相同，但由于非农业部门产品的需求收入弹性高，对非农产业部门增加投资的倾向就高一些。因而，从总的发展趋势来看，非农部门生产规模扩大的速度应高于农业才能满足人们需求结构上的变化。第四，对非农部门的投资往往也会使农民受益，如交通状况的改进，供水、供电等设施的建立，科技的进步，教育的普及，来自非农产业的收入增加等。一般说来，转移农业资金有两种方式：一种方式是依靠市场机制、价格信号对资金进行转移和分配；另一种方式就是依靠行政的力量来转移农业资金。但是仅仅依靠市场的力量来转移农业资金，也就是通过私人储蓄和投资来实现农业资金的转移，很难满足工业化的发展需要。因此，在市场配置资源的基础上，动用一定的财政、信贷政策手段，加速农业资金向非农产业的转移，将是一种很好的选择。

非农产业的发展需要农业提供土地。国民经济和其他部门的发展必然需要更多的土地作为生产和活动场所，如城区的扩大、道路的修建、工矿的建设等。一般说来，非农产业对土地的需求是一种必然现象，需求的土地多在经济较发达地区、城市郊区等。如果农民具有完全的土地产权，则土地非农化将会使农民获得更多的经济利益。但是，如果让市场机制自由发挥作用，将不利于农业和整个社会经济的可持续发展。因为土地面积是有限的，农地的不断减少必然不利于农业满足社会日益增长的农产品需求。因此，必须适度控制土地的非农化，正确处理好非农产业用地与农业发展的关系。在我国，农地的所有权是集体的，农民只有土地使用权，当遇到征地时，首先将农民的土地收回，然后由国家或集体对农民实施补偿，而按市场价对外拍卖，农民只能得到很少的利益。

（三）市场贡献

市场贡献表现在两个方面：一是活跃工业品，二是促进农产品流通。首先，农民作为买者，购买服装、家具、日用工业品、耐用消费品和农药、化肥、种子、农膜、农用机械、电力及其他农业投入品。农民对这些工业品的消费扩大了工业品市场，工业品市场的扩大又会刺激工业和其他非农产业的扩张。在经济发展的初期阶段，由于农业部门的绝对规模，农业必然是国内工业品的主要市场。随着经济的不断发展，农村人口不断向城市转移，虽然农业人口的份额有所下降，但是，农民收入水平的提高，会使农民的生活消费水平提高，对于农药、化肥、农机等农用工业品的需求增加，农村市场仍然会发挥重要作用。其次，农民还是一个卖者。作为卖者，农民在市场上出售农产品，把粮食及其他农产品出售给非农产业部门的生产者和消费者。农民的这种销售活动，不仅提高了农业自身的市场化程度，而且满足了非农产业的生产者和消费者对农产品的需求。农民参与农产品销售，促进了农产品的市场流通，可以根据市场需求来调整农业生产结构。

（四）外汇贡献

所谓外汇贡献，是指通过出口农产品，农业为国家经济建设赚取外汇。在一个国家经济发展初期，农业的外汇贡献尤为重要。此时由于工业基础薄弱、科学技术落后，工业品不具有国际竞争力，难以赚取外汇，而工业发展又需要从国外进口先进的技术、机器设备和一些原材料。因此，具有比较优势的农业部门在出口创汇方面扮演了重要角色。

发展中国家经济发展的实践充分证明了这一点。这些国家通过出口农副产品及其加工品赚取了大量外汇，用农业赚取的外汇购买先进的技术和机械设备来武装本国工业，从而促进了本国民族工业的快速发展。所以，如果没有农业的外汇贡献，大多数发展中国家工业的快速发展是难以想象的。

五、新的农业理念和术语

（一）都市农业

"都市农业"的概念是20世纪五六十年代由美国的一些经济学家首先提出来的。都市农业的本意是指都市圈中的农地作业。它是指在都市化地区，利用田园景观、自然生态及环境资源，结合农林牧渔生产、农业经营活动、农村文化及农家生活，为人们休闲旅游、体验农业、了解农村提供场所。换言之，都市农业是将农业的生产、生活、生态"三生"功能结合于一体的产业。

（二）休闲农业

休闲农业是一种综合性的休闲农事活动。游客不仅可以观光、采摘、体验农作、了解农民生活、享受乡土情趣，而且可以住宿、度假、游乐。

休闲农业（观光农业）是指利用农村设备与空间、农业生产场地、农业产品、农业经营活动、自然生态、农业自然环境、农村人文资源等，经过规划设计，以发挥农业与农村的休闲旅游功能，增加民众对农村与农业的体验，提升旅游品质，并提高农民收益，促进农村发展的一种新型农业。例如，日本有一个电视节目《世界之旅》，其中一些年轻人到非洲、中国、尼泊尔等地从事传统农事劳动，参与到他们的生活之中，如跳舞、打鱼、做豆腐等。

观光农业除了提供采摘、销售、观赏、垂钓、游乐等活动外，部分劳动过程可以让游客亲自参与、亲身体验。农村丰富的乡土文物、民俗古迹等多种文化资源，可供参观，能通过寓教于乐的形式，让游客更加珍惜农村的自然文化资源，激发人们热爱劳动、热爱生活、热爱自然的兴趣，进一步增强人们保护自然、保护文化遗产、保护环境的自觉性。

（三）智能农业

智能农业（工厂化农业）是指在相对可控的环境条件下，采用工业化生产，实现集约、高效、可持续发展的现代超前农业生产方式，即农业先进设施与露地相配套、具有高度的技术规范和高效益的集约化规模经营的生产方式。它集科研、生产、加工、销售于一身，实现周年性、全天候、反季节的企业化规模生产；它集成现代生物技术、农业工程、农用新材料等学科，以现代化农业设施为依托，科技含量高，产品附加值高，土地产出率高和劳动生产率高，是我国农业新技术革命的跨世纪工程。

智能农业通过实时采集温室内温度、土壤温度、二氧化碳浓度、湿度信号以及光照、叶面湿度、露点温度等环境参数，自动开启或者关闭指定设备。可以根据用户需求，随时进行处理。通过模块采集温度传感器等信号，经由无线信号收发模块传输数据，实现对大棚温湿度的远程控制。智能农业还包括智能粮库系统，该系统通过将粮库内温湿度变化的感知与计算机或手机的连接进行实时观察，记录现场情况，以保证粮库的温湿度平衡。

（四）精准农业

传统农业的发展在很大程度上依赖于生物遗传育种技术，以及化肥、农药、矿物能源、机械动力等投入的大量增加。由于化学物质的过量投入引起生态环境和农产品质量下降，高能耗的管理方式导致农业生产效益低下，资源日显短缺，在农产品国际市场竞争日趋激烈的时代，这种管理模式显然不能适应农业持续发展的需要。

信息技术和人工智能技术的高速发展促使了一种新颖的农业生产管理思想的诞生，从而产生了对农作物实施定位管理、根据实际需要进行变量投入等农业生产的精准管理思想，进而提出了精准农业的概念。精准农业是一种基于空间信息管理和变异分析的现代农业管理策略和农业操作技术体系。它根据土壤肥力和作物生长状况的空间差异，调节对作物的投入，在对耕地和作物长势进行定量的实时诊断、充分了解大田生产力的空间变异的基础上，以平衡地力、提高产量为目标，实施定位、定量的精准田间管理，实现高效利用各类农业资源和改善环境这一可持续发展目标。显然，实施精准农业不但可以最大限度地提高农业的现实生产力，而且是实现优质、高产、低耗和环保的可持续发展农业的有效途径。

因而，精准农业技术被认为是21世纪农业科技发展的前沿，是科技含量最高、集成综合性最强的现代农业生产管理技术之一。可以预言，它的应用实践和快速发展，将使人类充分挖掘农田最大的生产潜力、合理利用水肥资源、减少环境污染、大幅度提高农产品产量和品质成为可能。

（五）精致农业

精致农业是一个综合性的农业体系，依托农业传统技术和科技进步，以生产高品质、高科技含量、高附加值的农产品为目标，以特色化布局、标准化生产、产业化经营为主要抓手，从而实现高质量的、高效益的、高水平的农业生产全过程。它的基础是高投入和高科技，它的核心是高标准化和高质量，它的特点是精和特，它的最终目标是高竞争力、高价格和高收益。在生产方式上，要求精耕细作，以最少的投入和资源消耗获取最大的产出效益；在生产形态上，要求高质量、高附加值、高商品率，满足市场对农产品及其加工品的质量要求；在生产过程中，要求应用现代科学技术，对生产、加工、包装、流通等各环节实行标准化。精致农业是现代农业的重要实现形式，农业精致化的过程，是农业各种生产要素优化配置的过程，是农业增长方式转变的过程，是提升农业经营素质和效益的过程。

（六）数字农业

"数字农业"的英文是digital agriculture，更确切的翻译应是"数字化农业"（简称数字农业）。最明显的例子是农业的电子商务、电子拍卖或互联网服务。"数字农业"应该包含以下两方面内容：第一，"数字农业"要求对农业各个方面（包括种植业、畜牧业、水产业、林业）的各种过程（生物的、环境的、经济的）全面实现数字化，也就是说，各种农业过程都要应用二进制的数字（0、1）以及数学模型加以表达，也就是应用农业信息技术。第二，"数字农业"要求在农业的各个相关部门（生产、科研、教育、行政、流通、服务等）全面地实现数字化与网络化管理。

（七）蓝色农业

蓝色农业即海洋生物农业。这是一种对海洋水生和浮游生物的资源进行综合利用的特色农业。全世界海洋面积约占地球总面积的71%，因此蓝色农业开发潜力巨大。如果将近海自然生长的藻类植物加工成人类食物，其年产量相当于目前全世界小麦总产量的4倍左右；如果把海洋藻类植物和浮游生物开发加工成食物，可养活约300亿人，相当于目前地球总人口的5倍左右。

（八）有机农业

有机农业是指在动植物的生产过程中，不使用化学合成的农药、化肥、除草剂、生长调节剂、饲料添加剂等物质以及基因工程生物及其产物，而是遵循自然规律和生态学原理，采用一系列可持续发展的农业技术（包括在本系统内的作物秸秆还田及人畜禽粪尿经发酵腐熟后的利用、种植绿肥、选用抗性品种、合理耕作、轮作、多样化种植、采用生物和物理方法防治病虫草害等），协调种植业和养殖业的平衡，维持农业生态系统持续稳定的一种农业生产方式。

（九）智慧农业

智慧农业是农业生产的高级阶段，是融新兴的互联网、移动互联网、云计算和物联网技术为一体，依托部署在农业生产现场的各种传感节点（环境温湿度、土壤水分、二氧化碳、图像等）和无线通信网络实现农业生产环境的智能感知、智能预警、智能决策、智能分析、专家在线指导，为农业生产提供精准化种植、可视化管理、智能化决策。

（十）转基因农业

转基因农业就是转基因技术在农业科研以及农产品种植、养殖过程中的应用。随着各种重要农作物基因组、微生物基因组、家禽家畜基因组和蛋白质基因组研究以及其他技术的进展与突破，转基因农业已成为整个农业产业中最具活力的部分，同时也引起世界各国的广泛关注。尽管世界各国对转基因农业产品的最终上市以及转基因技术的物种应用范围的态度和限制各有不同，但各国在转基因基础研究领域丝毫不敢懈怠，纷纷将其列为最为优先发展的高新技术产业之一。

六、农业发展的基本问题与对策

（一）农业发展的基本问题

农业生产是一种需要经历播种、生长、采摘到销售环节的周期性人类活动。与其他人类生产活动相比，农业生产具有较强的不可控性，易受自然条件和社会环境的干扰。其运作模式主要为散户农场主模式，典型特征是以家庭为单位进行运转，受制于技术、工具等因素，单位个体间对于作物的维护存在较大的差异，这使得相同地域内同种作物的产量、品质不能实现稳定统一，致使最终的利润无法实现最大化。而利润的高低反过来又制约着技术的提高与生产工具的维护和升级，制约着下一轮农作物的生产，可能出现恶性循环的现象。

农产品大多是一种即时消费品，其上市流程具有爆发式的时令性特征，其品质会随着时间的流逝呈指数型下降，这就使农民在运输销售过程中需要承担生鲜损耗产生的资金成本，由此导致农产品田间销售价格低，消费者承担着产品辗转于中间商过程中的高额资本，陷入农民生产利润低、中间商操控市场、消费者难以获取物美价廉商品的困境。

除以上提及问题外，随着城市化进程的推进，大量的青壮年劳动力涌入城市，导致广大农村普遍存在劳动力不足，农产品的生产者集中于中老年人，而这类生产者普遍文化水平较低，对农作物的生产方式往往凭借经验开展，这就使得农产品的生产轻者产量不足，重者会因为同宗作物的频繁培育而出现"返祖现象"，严重影响产量。另外，当今社会资本更倾向于发展迅猛、运营稳定、收益快速的产业，农业往往不具备这些因素，这就使得农业生产无法获得科技发展所带来的红利，使其依旧保持数千年以来的低效率运转模式。

（二）农业发展的策略

1. 智慧农业

智慧农业是一种以农作物生产信息采集调控与运输销售集约化、智能化的全新农业生产方式，其运作过程主要依托各种现代化的手段，将科技与传统农业生产进行深度跨界融合，实现作物生长周期内的全过程信息感知、自动化调控。农作物的生命周期需要经历种子的萌发、营养体系构建和开花结果。而现阶段，我国农业生产是一种以家庭为基本单元的"传帮带"模式，农业生产主要依赖长辈的经验进行，存在从业者缺乏科学系统的农业知识、土地状态盲目化维护、作物生长呈粗放式等问题。

农业自动化意味着农业生产的电子化、仪表化和计算机控制化，而不仅仅是机械化和电气化的过程，其目的在于减轻甚至消除靠天吃饭，部分摆脱对气候条件和地域条件的依赖性，以实现提升农产品质量、解放生产力的目标。

根据参与流程的不同，可将农业自动化分为以下几类：一是环境控制与自动化。农作物的生长主要受光照、养分、水三个因素的制约，其品质随着三者的微妙变化会出现很大的波动，这就使得对农作物生长环境的监测显得尤为重要。以此为依据，借助传感测量仪器监测田间土壤元素与水分含量、光照情况波动并结合自动灌溉设备与施肥系统，实现农作物定时定量的肥料水分补给，以确保其始终在最佳的状态生长，提升农产品品质。二是农作物维护自动化。大部分农产品以收取地上茎、地下茎及果实实现经济效益，而根据生物学原理描述，适当减除作物茎叶消除顶端优势可以促进目标收取物的生长。据此，可搭建图像识别技术对农作物植株器官进行精准识别，并通过开发智能化装备实现杂草、植株无用器官的摘除。三是农机工具自动化。目前的遥控耕作、无人机农药喷洒是农机工具自动化的典型代表，其技术关键是改善生产条件、实现精准耕作、提升生产效率、转变发展方式以及增强综合生产力，是提高劳动生产率、土地产出率、资源利用率的重要工具。其发展主要依托于传感技术、计算机技术、通信技术等，通过预设生产模式和感知现场状况实现代替手工劳动的目的。

面对当前经济全球化的迅猛发展，我国农业面临着巨大的开放进口和市场竞争压力，特别在当前新冠肺炎疫情的影响下，现代农业只有向高度机械化、自动化的智慧农业方向发展才能够生存。当前，农业面临着劳动力紧缺和人口老龄化的严重威胁，在正负力量的叠加效应的催化下，推动智慧农业发展势在必行。

2. 农产品数据集约化

我国地域广袤，东西南北的气候、地质情况差异巨大，使得不同地区的代表性农产品呈现出百花绽放的局面。即使如此，受信息通信落后、交通运输能力差等因素的制约，大多数农民无法获得准确的市场需求信息或者只能在本地销售，面临着农产品滞销的风险。而作为远离农田的消费者，由于地域原因以及落后的仓储物流，无法购买物美价廉的商品。因此，通过搭建农产品数据"云"端服务，村镇管理者能够结合市场需求以及当地情况及时指导农户更改耕作方案；销售从业人员也可以通过田间耕作数据和产量情况及时调整采购策略，降低采购成本，回馈消费者。

实现农业数据集约化发展，还须充分发挥"互联网+"、物联网等高效统计分析技术的优势。但是，这些关键技术的人才大多集中于电子商务、网络视频等当下的热点行业当中,他们往往具备牢固的"数据解码与挖掘"技能,缺乏农业领域的专业知识,使得实现跨行业融合具有很大难度。此外,农业领域具有远离城市、劳动强度大、工作环境恶劣等劣势,使得大量的优秀人才不愿从事相关研究工作。多方因素的影响使得农业数据的采集与科技化发展受到了严重制约。

首先,数据的集约管理,可实现精准干预农业生产的过程。在农产品的生产过程中,可联合物联网、智能设备、监测系统以传感器对其系统进行监测,同时将数据存入后台控制中心,系统分析后,合理干预生产过程,联系智能设备实现精准操作。其次,应该精确记录农业生产的整体流程,及时记录农业生产的各个环节,建立相关档案。在数据集约化的环境下,各地政府和有关部门应根据农业特点和发展规律,在农业产业的各个环节应用互联网理念和技术,通过大数据挖掘和云计算,科学配置农业资源,调整农业产业结构,推动农业的健康发展。

3. 产业上行发展

农产品具有明显的周期性、复杂性和分散性的特征。我国广泛分布的农村担负着全部的农产品供给任务,但是相应的农产品仓储、物流基础设施严重不足,农产品冷链技术相对落后,对应的物流运输网络不健全,特别是偏远、贫困地区基础设施建设严重落后,这些情况都严重制约着农产品踏进千家万户的上行发展。

除此之外,当前农业上行还存在品牌建设滞后、市场不健全、缺乏专业人才等问题。在我国,品质特色兼有的农产品比比皆是,但国家相关法律体系不健全,市场泡沫吸引大量非正规人员的涌入,使得大部分产品出现缺乏"三品一标"认证、没有行业标准、同一单品质量参差不齐等问题,严重影响了行业口碑,阻碍了行业的上行发展。

为了提升产品价值,满足消费者健康、绿色的购物需求,农业的发展应注重生态绿色理念,加强生产管理和品质把控,以区域特色化、标准化、差异化培育产品竞争力,纵向拓展产品上下游产业链,完善产品产业配套、运营服务和支持保障体系,推动农产品产销精准化对接。通过建立农资供应管理、调度运用中心,充分发挥农产品企业实体链、价值链、产业链资源对接和渠道整合的优势。另外,在推动产业上行的进程中,要立足于当地的实际情况,切勿追求结果而盲目地开展。充分利用电商扶贫的契机与助推作用,深度挖掘电商的销售模式与经验,并多途径、分层次地培养具备专业技能的从业人员,规范产业标准与行业规范以提升产业口碑。

4. 政策优化

(1)农业组织化是扩大农业生产效率的有效措施。当前,我国农业组织化程度较低,不利于产业的整体发展。应加大农业合作社组织的扶持力度,政府应当认真贯彻落实我国相关的法律法规，制定有针对性的、可行性强的具体扶持政策。在资金方面，应建立官方信用评价系统，与银行金融系统进行信息共享，为信用好的合作社提供更高的贷款额度以及资金扶持，从而在规范金融市场的基础上加大对合作社的资金扶持。在项目方面，在建立现代高效农业基地及技术示范区域过程中，要向农业合作社进行资源倾斜，根据对合作社农业资源及建设水平评价的结果来安排有能力的合作社开展相应的项目，从而在现代高效农业发展过程中推动农业合作社组织化的发展。

（2）龙头企业作为现代农业发展的主体力量，应充分发挥其区域影响力。鼓励龙头企业开展现代高效农业项目建设是推动农业发展的直接有效措施。首先，通过创建终端型农业新业态，促进龙头企业的产业链延伸融合。结合农产品的生产开发与增值化加工，依据"侧向拓展、横向扩张、纵向延伸"的有效路径，强化农业产业链不同环节向高附加值化、高资本化、高知识化、高技术化演进，促使龙头企业的产业链集成与环节整合，构建"从田间到餐桌"的农业产业化机制，从整体上扩大农业产业链的规模，提升农业产业链的效率与效能。其次，龙头企业要打造体验型农业业态，稳步推动农业功能的有效拓展融合。龙头企业要积极拓展和挖掘农业的更多功能。再次，打造智慧型农业业态，大力促进先进生产要素在产业化中的融合与渗透。最后，农产品品牌是龙头企业取得成功的重要因素之一，要抓好农产品的科学生产，将农产品的种植和养殖、生产活动与市场销售工作有效对接；切实发挥营销队伍、产销大户的功能，大力推进农产品营销活动，让更多农产品走进各类商超、社区等市场。如，江苏苏果集团、江苏省供销合作总社与江苏先农电商集团实现强强联合，通过签署和实施战略合作协议，共同建设为乡村振兴融合发展与城市社区服务的新型电商模式，推动社区农产品的改善性消费和农产品供应链的有序升级。多元化的参与主体和快捷方便的电商渠道，促进了农产品和城镇社区消费市场的有效对接。

（3）完善数字经济与农业发展的融合。数字经济与农业农村经济的融合发展是数字经济与实体经济融合的新业态、新模式，是实现农业高质量发展、推动农业供给侧结构性改革以及乡村振兴的重要载体。当前，我国农村数字化基础设施未覆盖，数字化人才体系未形成，激励机制未完善，体制机制及法律法规未健全问题突出，严重阻碍了两者的融合。为此，应进一步加大新型基础设施的投入。5G基站、大数据中心等新型基础设施的建设，不仅能够通过自身的网络效应催生新模式、新业态，对稳投资、稳就业、稳增长发挥乘数效应，还能为数字经济的发展奠定基础。另外，要创新"留才"待遇激励机制，支持人才的多方面发展，并给予优惠便利的政策支持，比如高工资、提供住宿、优先就医、灵活工作时间等。创新人才成长激励机制，破除"唯论文论""唯学历论""唯学校排名论"的单一、硬性的人才评价标准，坚持以科技研究成果贡献为导向的人才评价机制，坚持"英雄不问出处"的原则。创新利益共享机制，激发人才创新活力，为人才营造一个良好的成长环境，确保留住引进和培育的数字化人才。

科学技术是第一生产力，发展智慧农业、提升数据集约化和政策优化是传统农业发展的必经之路，为解决"三农"问题提供了切实可行的技术方案，对社会经济发展和人民生活质量的提升有着重大的促进作用。

第二节　农产品供给与需求

一、农产品供给

（一）农产品供给的概念

农产品供给指生产者在某一特定时期内，在每一价格水平上愿意并且能够提供的农产品的数量。供给必须同时满足两个条件：一是生产者愿意提供农产品，二是有能力提供农产品。农产品供给分为个人供给和市场供给，市场供给是所有个人供给的总和。农产品供给和产量有较大差别。例如，粮食的供给不仅包括当年的粮食产量，还包括库存、进口等。

（二）影响农产品供给的因素

1. 农产品自身的价格

正常情况下，在其他条件不变的情况下，农产品自身的价格越高，农民愿意生产与出售的农产品数量越多；反之价格越低，农民愿意生产与出售的农产品数量越少，这一点和其他商品一致。但由于农产品的生产周期较长，农民决定产量所依据的价格与产量并不同步，也就是说，当期的价格并不决定当期的产量，而只能影响下期的产量，这是多数农产品与工业品的不同之处。

2. 相关农产品的价格

从用途上看，相关农产品可以分为替代品与互补品。

替代品表示用途相似的商品，如小麦和大米。它们可以由不同的生产者生产，可以通过不同渠道获得，如国内生产与进口；互补品则表示必须共同使用才能发挥作用的农产品，如做蛋糕要用面粉与鸡蛋两种原料。

某种农产品替代品价格的变化，会使该农产品的供给量反方向变化。例如，小麦价格的上涨，会使得种植水稻变得相对无利可图，故水稻的供给会下降。而某种商品互补品价格的变化，则会使该农产品的供给量同方向变化。

从与资源的关系上看，相关农产品可以分为竞争性农产品和连带性农产品。

竞争性农产品是指对于资源的竞争。例如，同一片土地资源，如果用来生产粮食，就不能用来生产葡萄，这时候粮食与葡萄就成了竞争性农产品。连带性农产品又称为联合产品，是指使用同样的要素，不可避免地产生于同一个生产过程中的两种以上的产品，如鸡肉与鸡蛋、羊肉与羊毛。连带关系较为复杂，在此仅以最简单的连带关系为例。某种农产品竞争性商品价格的变化，会导致该农产品供给量反方向变化，如相对于小麦来说，竞争品葡萄价格如果上涨，农民就会有将小麦地改种葡萄的倾向，从而使小麦的供给量减少。相反，某种农产品连带性产品价格的变化，会引起该种农产品供给量同方向变化，如羊毛价格的上涨，会导致绵羊供给的增加，从而使羊肉的供给量也有所增加。

3. 生产要素成本价格

农业生产要素从大的方面可分为劳动、资本、土地与企业家才能。但具体到我国的农业，由于多数为分散的小农家庭经营，企业家才能这一要素可以忽略不计，对于一个家庭来说，土地的数量变化较小，可以认为近似不变，所以生产要素或成本就主要由劳动与资本投入构成。

在我国，由于农村劳动力过剩，农业生产使用雇佣劳动的比率极低，农民在计算生产成本时，并不习惯于计算劳动力投入。随着非农就业机会与农业雇佣劳动使用量的增加，这种成本已经越来越显著，也引起了农民的重视。如果没有直接的雇佣费用，计算时应以农民投入相同时间与劳动强度在城镇从事非农工作的收入为参考。

劳动力的价格或使用费越高，农产品生产的成本就越高，供给量将越少；反之，劳动力越廉价，农产品生产成本将越低，供给量将越大。农业生产中的资本投入包括农业机械、畜力、农膜、种子、肥料、农药、饲料等，生产要素价格与农产品供给呈反方向变化，这与一般商品也无二致。

4. 生产技术与方法

生产技术与方法包括育种技术、防病和防灾能力、产量的提高、水土保持以及耕作方法的改进等，还包括复种指数，各种投入的效率，对水资源、能源、土地资源等的节约等。

生产技术水平与供给能力呈正向相关关系，但生产技术的应用要有限度，以保证农业发展的可持续性。如过量投放化肥、农药，或复种指数过高，则会使土壤质量下降、生态环境恶化、食品质量下降，从而使长期供给能力下降。

5. 农业资源条件

与工业生产不同，农业资源条件对于农产品的供给有非常大的影响。农业资源条件包括土质、地形、降水、光、温、热、动植物资源等，良好的自然条件有利于供给的稳定与增加，反之则会减少农产品供给。

6. 政府政策和法律

政府对农产品价格、农产品进出口、土地、税收、农资生产与价格、环境保护等的政策与法律，都会不同程度地影响农产品的供给。如政府对粮食价格的补贴、对进口的限制等政策都会导致粮食产量的提高。

7. 生产者对未来的预期

生产者对未来的预期也会影响农产品的供给，包括对农产品价格的预期，对气候和政府政策等的预期。如果预期乐观，供给将会增加，否则就会减少。

二、农产品需求

（一）农产品需求的概念

农产品需求指在一定时期，在既定的价格水平下，消费者愿意并且能够购买的农产品数量。需求必须同时满足两个条件：消费者具有购买意愿，消费者在现行价格条件下具有支付能力。农产品需求分为单个需求和市场需求。单个需求是指单个消费者对某种农产品的需求，市场需求是指消费者全体对某种农产品需求的总和。

（二）影响农产品需求的因素

影响需求的因素很多，有价格因素和非价格因素，进一步区分它们，有助于理解需求的变化与均衡价格的形成。这里所说的价格因素是指所研究的农产品本身的价格，非价格因素则指除产品本身价格之外的所有其他因素，如收入水平、人口数量与结构、消费者的偏好等。

（1）农产品本身的价格。这是研究中最为主要的变量，如需求定理所指出的，在其他条件不变的情况下，农产品本身的价格与其需求量之间具有反向相关关系。

（2）消费者的收入水平。在其他条件一定时，一般来说，收入水平越高，消费者的购买能力越强，对某种商品的需求也会随之提高。但对于某些农产品，随着收入水平的提高，需求量可能不但不会增加，反而会减少。经济学上把这类商品叫作低档品，如随着人们收入水平的提高，对于谷物的直接消费量明显减少。

（3）人口数量与结构。人口数量越多，对于农产品的需求量越大，人口增长越快，对农产品的需求量的增长也就越快。其基本原因是，农产品以食品为主，而每个人无疑都要吃饭。

人口结构包括人口的地理分布、年龄性别结构与社会结构。地理分布可以用人口密度来表示，人口密度越大，对农产品的需求量越大。不同年龄层次的人，消费结构和需求也会有所差异，如婴幼儿对牛奶的需求量相对较大，而对于蔬菜和肉类的需求相对较小；男性较女性食量更大一些。社会结构包括人的职业、文化程度、社会地位与信仰等，这些因素对于农产品的需求也会产生影响，如素食主义者、佛教信徒等，他们对于肉类的需求等于零。

（4）消费者的偏好。不同消费者对不同农产品有不同的偏好，所谓"萝卜青菜各有所爱"。如果消费者都偏好某一种产品，则一定会造成该种产品需求量的增加，反之亦然。

决定一个消费者偏好的因素很多，如年龄、性别、职业、文化水平、生长环境、阅历、社会地位、经济能力、政治倾向、社会思潮、广告宣传、医学知识等，都在一定程度上影响着人们的消费偏好。偏好并不是一成不变的，上述任何因素的变化都可能导致消费者偏好的改变。但在分析消费者行为时，我们假定对于某一个消费者来说，他的偏好是稳定的。

（5）相关农产品的价格。相关农产品可以分为替代品与互补品两种。某种农产品替代品的价格与该农产品的需求量之间正向相关。如替代品价格上涨，会使该农产品相对便宜，故需求量上升。同理，某种农产品互补品的价格与该农产品的需求量反向相关。如某种农产品的互补品价格上涨，会使共同使用的费用提高，从而对该农产品的需求量下降。但由于农产品多属于初级产品，严格互补的农产品在现实中并不多见。

（6）消费习惯与文化。由于宗教信仰、传统文化、农业结构、自然地理以及气候等因素的不同所形成的不同消费习惯会影响农产品的消费，例如四川人、湖南人对辣椒的偏好，影响其食品结构，从而对农产品需求产生影响。再如北方的面食文化、南方的稻米文化会影响这两个地区对小麦与大米的需求。

（7）其他产业发展对农产品的需求。随着国民经济的发展，饲料、纺织、化工、商业等行业对农产品需求不断增加，日益成为农产品市场需求的重要组成部分。如农产品加工业的规模越大，发展速度越快，对初级农产品的需求也越多。

第三节　农产品市场的常见类型

一、农产品市场的概念和分类

狭义的农产品市场指进行农产品交易的场所。广义的农产品市场指农产品流通领域交换关系的总和。

农产品市场有多种分类方法。按照交易场所的性质，农产品市场可以分为产地市场、销地市场、集散市场与中转市场；按照农产品交易形式和商品交割时间可以分为现货交易市场和期货交易市场；按照农产品经营环节不同，可以分为批发市场和零售市场；按照交易农产品的品种，可以分为粮食市场、棉花市场、油料市场、蔬菜市场、肉禽蛋市场、水产品市场、水果市场、木材市场等；按照农产品交易的区域，可以分为国内市场和国际市场。

根据市场中厂商的数量、产品的差异化程度、价格控制力、厂商进出行业的难易程度可以将市场结构分为完全竞争、垄断竞争、寡头垄断、完全垄断四种类型。农产品市场买者和卖者众多，产品差异不大，生产者自由进入和退出，买者和卖者都了解相关信息，接近完全竞争市场。

二、农产品现货市场

（一）农产品批发市场

农产品批发市场又称中心集散市场，是"有形市场"的一种较高级的市场形式。它是指将来自各产地市场的农产品进一步集中起来，经过加工、贮藏与包装，通过销售商分散销往全国各地。农产品批发市场一般从农产品贸易的两个发展层次上来理解：一是指进行农产品批量集中交易的场所；二是指为农产品进行批量交易提供的一种服务组织。从其发展过程来看，先有场所，后形成组织。当然，农产品交易服务组织的建立又会促进农产品批发市场的发展。这两者形成不可分割的有机统一体，从而构成了现代农产品批发市场。

农产品批发市场具有以下功能：

（1）商品集散功能。在产地，农户生产出来的农产品需要迅速销售出去，以实现其价值。农产品批发市场可以把分散在各产地的农产品汇集起来，在较短的时间内完成交易过程，再向销地分散和转移。集散功能是批发市场在流通中变现出来的基本功能。如果没有农产品批发市场这一环节，就会出现交易次数极多、批量极小、交易成本极高、效率极低的情况，从而使农产品流通不畅，导致生产者"卖难"和消费者"买难"的问题，造成严重的社会和经济问题。农产品批发市场的强大生命力就在于它能够吸引和汇集四面八方的货源和客户，通过批发交易将农产品发散到全国各地乃至国际市场。

（2）价格形成功能。农产品批发市场实行的是现货批发交易，来自各地的农产品同场竞争，同一种农产品就可以通过比较按质论价，从而形成一种能够比较真实地反映农产品价值的市场均衡价格。并且，批发市场上有众多买者和卖者，近似于完全竞争状态，谁也无法决定价格。卖者代表供应方，买者代表需求方，只有在两者之间的出价达成一致时，才能形成交易价格。也可以说批发市场的价格是在交易过程中形成的，不是人为规定的。批发价格能够比较公正地反映市场供求关系。

（3）供求调节功能。由于农业生产受自然环境条件影响大，农产品市场供给与其他商品相比具有不确定性，而居民对农产品的消费需求则比较稳定。因此，批发市场还必须具备供求调解功能。市场价格机制在调解供求、均衡上市中起主要作用，批发市场大批量集散和交易，有利于及时缓解区域性供求矛盾。

（4）信息中心功能。批发市场是买者和卖者从事产品交易的场所，信息来源广泛，大多数批发市场建立了信息系统，注重信息的搜集、整理和传递服务。市场每天形成的交易价格就像晴雨表一样，反映着供求关系的变化，备受广大经销商关注。一些地区的代表性产品的批发市场价格进入农业部市场信息网向全国公开发布，形成了其他交易方式的参考价格，对农产品的生产和消费起到宏观引导作用。所以说，批发市场具有信息中心的功能。

（5）综合服务功能。综合服务功能是指批发市场通过自身的运营为交易者提供各种方便交易的服务项目。包括为交易者提供交易空间、停车场、装卸搬运、交易中介、结算方式、加工、包装、贮藏等项目，还负责场内清洁卫生和治安管理，使进场交易者得到快捷方便的服务。完善的市场综合服务功能会大大增强批发市场的客货吸引力。

（二）农产品零售市场

农产品零售市场位于流通的最终环节，是零售商直接向消费者销售农产品的场所。零售市场的职能是将社会所生产的农产品以零售的方式分配给广大消费者，最终实现商品的使用价值。零售环节一般位于批发环节之后，农产品经过批发市场后进入零售市场，在零售市场进行分拣、分装或简单加工后，变成适合家庭消费的商品形态，销售给前来购物的消费者。

中国的农产品零售市场主要有两类，即农贸市场和超市。农贸市场目前仍然是中小城市和乡镇区域的主要零售市场；超市在大中城市发展较快，正在逐渐取代农贸市场成为农产品零售市场的主要形式。

农产品零售市场有如下特点：

（1）零售市场直接面对消费者，市场上的卖者是零售商，买者是消费者，商品到达消费者手中后即为终点，不再继续流通。

（2）零售市场数量多且分散于居民区。

（3）零售市场商品种类多，交易频率高、数量少。

（4）农贸市场上的卖者多为零售商贩，主要经营鲜活农产品，也有农户自产自销的。

（5）超市经营的农产品由供货商或配送中心供货，进货渠道稳定，产品质量相对有保证。

在零售市场上，零售商的基本任务是直接为最终消费者服务，它的职能包括进货和销售、协调供求、存储、加工、拆零、分包、传递信息、提供销售服务等，在地点、时间与服务方面，以方便消费者购买为宗旨。农户生产的农产品经过零售商卖给消费者之后，才实现了产品的使用价值。零售商又是联系生产者、批发商与消费者的桥梁，是生产者和批发商了解消费者需求的触角和窗口，在农产品流通渠道中具有重要作用。

三、农产品期货市场

（一）农产品期货市场的概念和构成

农产品期货市场作为市场制度的一种创新，有自身质的规定性，并且有狭义和广义之分。狭义的农产品期货市场是指进行农产品期货交易的场所，通常特指农产品期货交易所。

广义的农产品期货市场是指市场经济发展过程中围绕农产品期货合约交易而形成的一种特殊的经济关系，是一种特殊的交易活动。或者说广义的农产品期货市场是指农产品期货合约交易关系的总和。这种特殊的交易活动必须按照特定的规则和程序、在特定的场所内集中进行。

因此，广义的农产品期货市场应该是由相互依存和相互制约的期货交易所、期货结算机构、期货公司、期货交易者、其他期货中介与服务机构、期货监督管理机构等组成的一个完整的组织结构体系。

（二）农产品期货市场的构成

1. 期货交易所

期货交易所是专门进行标准化期货合约买卖的场所，是一个会员制或公司制的，按照其章程规定实行自律管理，以其全部财产承担民事责任的非营利性或者营利性机构。在现代市场经济条件下，期货交易所依靠自身管理严密、组织健全、设备完善和高效运作，为期货交易者提供良好的期货交易环境。期货交易所自身不参与交易活动，也不拥有期货合约标的商品。期货交易所的主要职责包括：为期货交易提供场所、设施和服务，设计期货合约，并安排合约上市，制定并实施期货市场制度与交易规则，组织并监督期货交易，监控市场风险，发布市场信息。

国际上，期货交易所设立通常是采用中央政府审批制，即由中央政府或其授权主管部门依法审查批准设立，所依据的法律多为公司法以外的专门金融类法律。我国境内现有四家期货交易所，其中大连商品交易所、郑州商品交易所、上海期货交易所是会员制期货交易所，中国金融期货交易所是公司制期货交易所。按照国务院发布实施的《期货交易管理条例》，期货交易所是指依照《期货交易管理条例》设立，不以营利为目的，履行《期货交易管理条例》规定职责，以其全部财产承担民事责任，按照章程和交易规则实行自律管理的法人。

2. 期货结算机构

期货结算机构是为期货交易提供结算服务的期货市场的另一个重要组成部分。期货结算机构的主要职能是担保交易履约、结算交易盈亏和控制市场风险，具体包括结算每笔期货交易所内达成的期货合约、结算交易账户、核收履约保证金并使其维持在期货交易所需要的最低水平，监管实物交割，报告交易数据等。对于所有期货合约的交易者来说，期货结算所是第三方，既是每一个作为买方结算会员的卖方，又是每一个作为卖方结算会员的买方。

期货结算机构可独立设立为法人，也可设立为期货交易所的一个内部机构。在西方发达国家，期货交易所对应的期货结算机构通常为独立的法人。在这种情况下，期货结算机构通常为多个期货交易所（以及证券交易所）提供结算服务。其好处是在获得更高结算效率的同时，节约结算会员的结算保证金及结算准备金。当然，也有一些期货交易所对应的期货结算机构为期货交易所的内部机构。需要指出的是，即使期货结算机构设立为独立的法人，设立期货结算机构所依据的法律一般也不是公司法，而是专门的金融类法律。以独立法人形式设立的期货结算机构通常采用公司形式，但无论是独立法人形式的期货结算机构还是作为期货交易所的内部结算机构，在内部管理上都采用会员制形式。我国境内四家期货交易所的结算机构均是交易所的内部机构，因此期货交易所既提供交易服务，具有组织和监督期货交易的职能，也提供结算服务，具有组织并监督结算和交割、为期货交易提供集中履约担保、监督会员交易行为、监管指定交割仓库的职能。

3. 期货公司

期货公司是指依法设立的，接受客户委托，按照客户的指令，以自己的名义为客户进行期货交易并收取交易佣金的中介组织。每一个期货交易者为实现套期保值或投机获利，都希望直接进入期货交易所进行交易。但是，期货交易的高风险性，决定了期货交易所必须制定严格的会员交易制度和会员总量控制，非期货交易所会员不能进入期货交易所内进行期货交易，于是就产生了严格的会员交易制度与吸引更多交易者和扩大市场规模之间的矛盾。解决这一矛盾的办法，就是允许一部分具备条件的期货交易所会员接受客户委托，代理客户进行期货交易。这样，作为期货交易中介机构的期货公司应运而生。

需要指出的是，期货交易所会员、期货结算机构会员并不一定是期货公司，而期货公司也不一定是期货结算机构会员或者期货交易所会员。在一些国家，由于其公司法使用范围较广，期货公司可按公司法设立，但在更多国家，比如我国，期货公司作为非银行金融机构，其设立必须按公司法及相关金融法的设立程序进行。期货公司作为场外期货交易者与期货交易所之间的桥梁和纽带，主要职能包括：根据客户指令代理买卖期货合约、办理结算和交割手续；管理客户账户，控制客户交易风险；为客户提供期货市场信息，提供期货交易咨询，充当客户的交易顾问等。

4. 期货交易者

期货交易者是指承认并且遵守期货交易法规和规则，按照相关规定从事合法交易人员的统称。基于不同角度，期货交易者可以划分为不同类型。根据进入期货市场的目的不同，可将期货交易者分为套期保值者和期货投机者。套期保值者是指通过买卖期货合约以减小自身面临的、由于市场变化带来的现货市场价格波动风险的组织、机构和个人。期货投机者是指运用一定资金通过期货交易以期获取投资收益的组织、机构和个人。

农产品期货市场中的套期保值者，是指那些把农产品期货市场作为回避与转移现货价格波动风险的场所，利用农产品期货合约（以及农产品期货期权合约）作为将来在现货市场上买卖特定农产品的临时替代物，对现在已经买入（或已经拥有，或将来拥有）准备以后售出或者对将来需要买入的特定农产品的价格进行保值的生产者、经营者和消费者。农产品期货市场中的期货投机者，是指那些试图正确预测市场价格的未来走势，甘愿利用自己的资金去冒险，不断买入卖出农产品期货合约（以及农产品期货期权合约），以期从价格波动中赚取价差而获利的个人或企业。套期保值者和期货投机者的共同存在，不仅为期货市场提供了风险转移者和风险承担者，而且扩大了市场的交易量，使得套期保值者和期货投机者相互都能很容易地找到交易对手，从而提高了期货市场的流动性，促进期货市场发现价格和回避风险的功能有效发挥。

5. 其他期货中介与服务机构

其他期货中介与服务机构是指期货市场上，除了期货公司以外的券商IB、居间人、期货信息资讯机构、期货保证金存管银行、交割仓库等。

券商IB（Introducing Broker）是指符合条件的证券公司受期货公司委托，可以将客户介绍给期货公司，并为客户的期货交易提供规定的服务，期货公司因此向证券公司支付佣金。这种接受期货公司委托并为期货公司提供中间介绍业务的证券公司即是券商IB。根据《证券公司为期货公司提供中间介绍业务试行办法》，证券公司只能接受期货公司委托从事中间介绍业务并提供相关服务，还要与期货公司签订包含指定内容的书面委托协议。

居间人是指独立于期货公司和客户之外、接受期货公司委托进行居间介绍、独立承担基于居间法律关系所产生的民事责任的自然人或组织，主要职责是介绍客户，即按合同约定凭借自有的客户资源和信息优势为期货公司和期货交易者"牵线搭桥"。居间人有权按合同约定从期货公司获取因从事居间活动付出劳务的报酬。但是，居间人与期货公司没有隶属关系，不是期货公司签订《期货经纪合同》的当事人，期货公司的在职人员不能成为本公司或者其他期货公司的居间人。

期货信息资讯机构主要是指为期货市场提供行情软件、交易系统以及相关信息资讯服务的组织机构。期货信息资讯机构主要从期货交易所和期货结算所等组织机构获得相关期货信息以及转发权，加工转化为期货交易者所需要的信息产品（行情信息、咨询信息等）。

期货保证金存管银行是指经期货交易所同意，与期货交易所签订相应协议，按协议约定的权利和义务，在期货交易所的监督下协助期货交易所规范办理期货交易结算业务的银行。期货保证金存管银行是期货市场保证金封闭运行的必要环节，也是保障期货交易者资金安全的重要机构。

交割仓库是指向期货交易所提出申请、由期货交易所指定、与期货交易所签订协议，按协议约定为农产品期货合约等进入实物交割环节提供交割地点，生成标准仓单等相关服务的独立法人。

6. 期货监督管理机构

期货监督管理机构是指以矫正和改善期货市场内在"市场失灵"问题为目的，通过法律、经济、行政等手段对参与期货市场活动的各主体的行为进行干预、管制和引导的政府监管机构和自律性管理机构。

政府监管机构是指为了规范各利益主体的行为，保护各方的合法利益和社会公共利益，维护期货市场的正常秩序，依据相关法规建立的对期货市场实施全方位监管的政府机构。国内期货市场的政府监管机构是中国证监会以及派出机构（证监局），美国期货市场的政府监管机构是商品期货交易委员会。中国证监会的主要职责是依照法规和国务院授权，对期货市场实行集中统一的监督管理、维护市场秩序、保障合法运行。

自律性管理机构是以政府监管机构为核心的期货市场监管体系的重要组成部分，自身也是政府监管对象。国内期货市场的自律性管理机构包括期货交易所、期货保证金监控中心和中国期货业协会。国内的期货交易所是按照其章程规定实行自律管理的法人，应依据《期货交易管理条例》和国务院期货监管机构的规定建立健全各项规章制度，加强对交易活动的风险控制、对会员以及交易所工作人员的监督管理。期货保证金监控中心的宗旨是建立和完善期货保证金监控机制，及时发现并报告期货保证金风险状况，配合期货监管部门处置风险事件。中国期货业协会的宗旨是：在国家对期货业实行集中统一监管的前提下，进行期货业自律管理；发挥政府与期货业间的桥梁和纽带作用，为会员服务，维护会员的合法权益；坚持期货市场的公开、公正、公平，维护期货市场的正当竞争秩序，保护期货交易者的利益，推动期货市场规范发展。

四、农产品拍卖市场

（一）拍卖市场的概念

所谓拍卖，就是通过市场经纪人或交易所代理人进行产品交易，买主之间和卖主之间相互竞争以获得最优市场价格。拍卖市场是一种国际上流行的市场交易方式，能够降低交易成本和提高交易效率，荷兰、日本、韩国等国家都采用这种交易方式。我国一些农产品批发市场开始探索拍卖方式，如昆明国际花卉拍卖交易中心、武夷山茶叶交易服务中心都在探索拍卖市场模式。相信随着农产品市场的细分和经销方式的变革，农产品拍卖市场将会受到越来越多的关注。

（二）农产品拍卖市场的优越性

1. 顾客搜寻与谈判费用更低

传统批发市场将众多买者、卖者及商品汇聚一处集中交易，可节约交易者彼此的搜寻与谈判费用，然而这种节约仍然有限。市场上买者、卖者众多，交易双方仍存在交易对象搜寻和个别谈判问题。而在拍卖市场，尽管买方为数众多，但卖方却只有一个或少数几个，交易指向集中明确，用不着劳神费力个别搜寻，更无须谈判即可成交，可进一步节约顾客搜寻与谈判费用。

2. 交易更趋公平与公正

传统市场信息公开化程度较低，由于是众多入市者分散形成供求，即使市场当局想提供信息服务，客观上也会因缺乏集中掌握而力所不及。而在交易者那里，为了竞争需要，谈判通常在秘密和半秘密状态下一对一进行，这就很可能因双方信息不对称或实力不均衡而产生歧视性交易、显失公平交易乃至欺诈性交易。而拍卖市场实行卖方委托交易制，商品数量、质量、规格等信息由市场集中掌握并统一报告，信息公开透明，机会均等，买方凭实力和技巧公开竞争。信息公示和竞价拍卖，消除了场内歧视性交易和贸易欺诈，能较好地保证交易的公平和公正。

3.交易争议少,效率高

传统市场上,由于没有统一的检验认定,商品质量缺乏可信度,买方须亲自验货方可成交,且事后也易发生纠纷,交易的执行和监督成本较高。而在拍卖市场上,商品质量经过拍卖公司检验认定,质量有规范,加之市场设施完善配套,交易效率大为提高。

4.降低农民上市风险

肉类、蔬菜、水果、花卉、水产品等产品鲜活易腐,成熟后必须及时收获卖掉,很难储存起来待价而沽。传统市场上,农民市场风险很大,首先表现在很难适应瞬息万变的市场动态,把握不好上市时机,往往千里迢迢将产品送去却落个贱价处理。即便就近上市,也不一定能卖出好价钱。而拍卖市场一般建有一定的价格保护制度,当拍卖价低至保护价时,交易就自动停止,未售商品就地销毁或改作其他用途,由市场对货主给予适当补偿,以保障农民的基本收益。这种制度有利于维护农产品的正常价格水平,可降低农民的上市风险。

5.为农民联合销售提供有效机制

西方国家为改善农民市场地位,普遍对其合作事业持扶持态度。然而,因个别合作社规模有限,农民市场能量仍无法与具有信息和规模优势的工商企业抗衡,难以从根本上改变其弱势市场地位。而拍卖机制却能使农民的被动局面得到很大改观,因为在拍卖市场上,农民并不以单个的农户或合作社出现,而是将商品委托给拍卖公司,由其统一组织拍卖。通过拍卖公司这一中介,农民由传统市场上彼此独立的竞争者转化为具有共同利益的同盟者。拍卖市场提供了一种实现农民更高程度联合销售的社会机制,对改善农民的市场地位非常有利。

五、农产品网络营销市场

(一)农产品网络营销市场的出现

随着市场经济的发展、生活水平的提升,加之信息技术的迅猛发展,特别是互联网的出现和普及,当今社会进入网络沟通的时代,资源信息的全球共享,不但提高了工作效率,而且降低了生产管理的成本。数字化时代来临,互联网在人们日常生活中的职能不再仅仅局限于媒体功能,它已经逐渐成为人们不可或缺的生活内容之一。我国作为农业大国,农业是国民经济的基础,从改革开放到现在虽然取得了巨大的成就,但是要想由传统农业向现代农业过渡,实现农业持续稳定的发展,网络营销是一条又快又好的"现代化道路",不仅可以发展国内市场,还可以开拓国际市场,大力提升我国农业在国际上的竞争地位,会对我国农业发展产生重大意义。利用互联网进行网络市场营销对于企业和商家来说既是机遇，又是挑战。

（二）农产品网络营销市场运营模式

1. 平台提供商模式

平台提供商作为第三方，为具有法人资质的企业在网上开店、进行实物和服务交易提供平台，自身不直接参与买卖交易过程，类似农贸市场，产品销售的职能由加入平台的农产品卖家独立承担，如淘宝、苏宁易购等第三方平台。平台提供商模式对要求开展农产品、电子商务农业主体的信息服务意识、管理能力、经营水平等基础条件要求较高，平台扩展性好，农业主体可随时新增店铺、展示商品，主动开展农产品电子商务，有利于迅速扩大农产品电子商务规模。农业主体自主性强，可随时调整商品价格，及时回笼交易货款。但平台提供商模式仅提供物流配送信息，其配送一般由社会力量完成，缺乏对农产品质量安全的有效监管手段，主要依靠农业主体自律。

2. 销售商模式

销售商模式类似农产品超市，产品销售的职能由平台提供商代理，农产品企业只负责提供产品，即平台提供商在建立电子商务平台的同时，直接组织农产品网上买卖交易。平台提供商模式和销售商模式均可实现 B2B（企业对企业的交易方式）、B2C（企业对消费者的交易方式）、C2C（消费者对消费者的交易方式）、F2C（厂商对消费者的交易方式）、O2O（线上到线下）、G2B（政府与企业电子政务）六种网上交易方式，除 G2B 外其他交易方式有融合的趋势。销售商模式中，平台提供商能凭借自身的电子商务经验，为农业主体提供有针对性的宣传、交易和交流沟通服务，可克服网上摊位信息更新慢、内容抽象、缺乏吸引力等弊端；在一定地域范围内具备完整的物流配送体系；一般对农产品质量安全有较为严格的准入机制。但平台扩展性差，对农产品电子商务的农业主体和上网的农产品会设置一定的审核门槛，可能造成一定程度的商品积压，交易货款回笼慢。

3. 信息发布模式

第三方信息中介平台是第三方机构建设并经营、滚动发布农产品供求信息的形式，通过对接农户、合作社等潜在客户来加速买卖双方的匹配、完成农产品在线交易撮合的平台。农户、合作社等作为农产品提供方，在平台上发布供应信息以撮合贸易。时下较流行的供求信息平台包括中国农产品信息网、全国农产品商务信息公共服务平台、中国农产品行业信息网、中国农产品网等。

4. 自建平台模式

家庭农场、农民专业合作社、龙头企业等自建服务网站，自己营销农产品。由于专业网站服务公司为网站建设提供了方便的平台，如上海美橙科技信息发展有限公司等一些专注于企业互联网服务的高科技企业,提供域名注册、国内/海外虚拟主机、云主机、企业邮箱、智能建站、虚拟服务器(VPS)、服务器租用、服务器托管等丰富多样的网络产品,建设网站并不是很难的事情,稍加学习自己就可以智能建站。但一般来说,自建平台仅能作为一种辅助销售手段和宣传方式,关注者较少,信息量小,难以成为主销售渠道。

第四节　农业结构与市场经济规律的协调发展

有效地调整农业的生产结构、合理地利用农业资源是我国当前农业经济发展的重中之重。随着我国经济发展的日益壮大,科学技术生产的不断升级,农业经济较其他生产行业的发展相对落后,因此,我国在不断推出相关的政策强化现代农业发展,推出高效农业整改措施,加快农业结构调整。

一、我国农业结构发展现状及调整问题

(一)我国农业结构发展现状

我国农业发展一直以提高农业产量和农民收入为主要改革目标,提倡发展高效的农业结构,合理地利用我国现有的土地、山地、湖泊等资源,扩大种植面积和规模,不断调整农业结构,打造有市场特色的中国农业经济。但随着近几年世界金融风暴的影响,我国农业经济的发展也受到不小的打击,市场经济的形势变动对于我国农业有着不可小觑的影响,因此我国农业结构调整的现状依旧堪忧。

(1)农业产业结构多样化发展,推进产销一体化发展模式。随着近些年我国农业结构的不断调整,我国农业的产业结构也随之发生了很大的改变,农业作为我国的基础产业,在市场结构中的比重不断下降,反过来说这也是经济发展的趋势,农民对于农业产业调整的意愿也更加强烈。统计数据显示,我国农业结构中的畜牧业发展较为迅速,而种植业呈现下降的趋势,这些都表明近些年我国在农业产业结构上的调整取得了较为明显的成效,许多以前从事农业基础种植的农民,将农产品自己加工自己销售,实现产销一体的模式,在节省中转成本的同时,也增加了自己的财富。

(2)缺乏农业科技创新,农业发展提高受阻。纵观我国农业生产,大部分都还在使用较为落后的机器设备,甚至有的还在使用传统的手工生产的方式,先进的科学技术没有切实融入到农业生产当中去。在发达国家,农民普遍使用智能化的机器设备来完成农业的

种植及养殖过程，同等劳动力下转换的生产力要多好几百倍。在我国一个使用传统劳作方式的农民最多可以维护十来亩地的农作物，而在发达国家，一个农民可以承担几百亩地的工作量，如此明显的差异可以深刻地反映科学技术在农业生产中的重要性，因此农业科技要不断创新以适应市场经济的发展以及农民的基本经济情况。

（3）农业在我国整体产业结构中仍处于弱势地位。农业生产的职业在我国的经济发展中始终排不上经济效益的中等水平，大部分乡镇的农民都愿意到大城市中打工谋生，不愿意在家务农。从经济效益和生活水平的角度上来看我国农业始终处在一个较为尴尬和弱势的状态中，一方面农业是我国的基础生产，而另一方面基础生产不能给劳动者带来良好的经济收入。在发达国家中，政府补贴在农民收入中的占比高达50%以上，而我国只有10%不到，这正是差距所在，因此要发展农业就必须提升农业生产在经济中的地位。

（4）我国农业发展的变革在持续进行。经济的过快发展使得中国的自然资源趋于紧张，环境污染的恶化，耕地以及水库被投资成房地产，中国可用于农业生产的自然资源开始不断减少，这是我国经济发展中不可忽视的问题，因此农业的全面变革已经悄然进行，迫切需要采取保护耕地净化水资源的系列措施，在乡镇发展农家乐模式，以实现废物利用，资源循环，达到低碳发展和可持续发展的目标。

（二）我国农业结构调整中存在的问题

（1）缺乏科学的农业知识，生产结构单一。受地理条件以及气候条件的影响，地域与地域之间都有其优越性，因此每个地域都有特定的种植和养殖的物种。随着科学生态相关信息的研究推进，人们可以生产东西的种类也变得越来越多，在气候合适的地域，可以实现农、林、牧、副、渔一体化的全方面发展。然而在大多数乡村中，那些真正从事农业生产的农民，多以基本的种植业为主，并不懂得培育或者养殖方面的知识，农业生产结构非常单一。这种单一化的农产品在市场中容易缺乏竞争力，使得产品永远处于生产链的最初阶段，一旦市场波动大，就会严重影响该农产品的价格，对农民来说损失是巨大的。

（2）缺乏切实的农业产业政策，产业结构混乱。任何一个产业的发展都离不开严格的政策和完善的管理，管理的前提是制度，因此一个严谨全面的产业制度政策是维护农业产业结构稳定的保证，政策的建立可以有效集中人力、物力以及科学技术。农业产业化的推进是农业生产的一大创举，农业发展在我国历史的舞台上又迈出了重要的一步。我国是农业大国，对于农业生产的发展也投入了很大的精力，也出台了相关的政策加以支持和维护，但是毕竟发展的年限太短，许多政策在实际实施时并不适用于当时的市场经济发展，因此农业产业化的发展受到一定的市场阻碍，各个生产结构不能规模化地结合在一块。从农业生产的基本要素上来谈，政策制度的缺乏使得农业生产要素的流动配置不合理，各个区域之间不能很好地互帮互助，互相带动发展，而对于农产品的价格也没有适当的维护机制，极容易受市场条件的变化而波动，造成了农民的利益损失。

（3）农业生产落后于市场经济发展，两者发展不协调。我国的农业多数处于个体经营的模式，并没有形成农业的相关组织，单个农产品供应户并不能够主导市场的价格波动，只有占比够多的农业生产组织，他们手中能掌控全国大部分的农产品数量，那么就可以避免基础农作物的价格波动过大，最后造成个人的经济损失。另外，真正面向市场的都不是农作物本身，而是农作物的加工品或者二次加工品，而我国农民大多只从事农产品的生产过程，作为数量大、价格低的基础农产品，利润是非常小的，只有将产品进行深加工才能提高价格，从中赚取更多的财富。据资料显示，我国目前只有 1/3 的农业产业达到了农产品生产加工销售一体化，因此我国农业发展并没有适应市场经济的发展，产业链之间缺乏关联。

二、当前市场经济形势下阻碍农业结构发展的因素

（一）农业市场"三少"因素

我国农业市场中的主体是农民，户籍统计显示我国农业人口相对来说是较多的，然而实际的农业生产力却很匮乏，大量的农业劳动力投奔大城市开始打工生涯，再加上我国农业生产缺乏智能化的科技设备，劳动力转化生产力远远不能满足我国农业发展的需求。另外，我国人口的过快增长，使得越来越多的土地变成了房屋，能够适用于农作的土地本就是有条件要求的，因此我国耕地资源不断减少。面对我国 13 亿人口的大市场，耕地面积的匮乏是制约我国农业发展的因素之一。最后，由于农业产业的弱势地位以及农业技术的不完善，从事农业生产的农民并不能获得可观的回报，弱势的基础生产状态并不利于我国未来经济的发展，农民收入少也是影响农业发展的一个本质因素。

（二）农产品市场不完善

作为一个多产业结构的市场，须具备完善的市场体系，而我国农作物市场还处于发展中阶段，多数的农作物市场都与普通的农贸市场区分不大，在农贸市场大多数都是个体的农作物买卖，没有形成规模批发的形式。另外，农作物的期货市场还刚刚起步，在农作物市场中缺乏有效的布局，市场较为混乱，没有形成统一的管理模式，农产品市场在我国还处于市场发展的初级阶段，各方面的规划和联合都没有得到有效的实现。

(三) 生产要素的制约性

一个完善的产业不仅要有良好的产品市场，还要有全面的生产要素市场。农业生产要素主要包括劳动力、土地、技术和资金，这些生产要素相比于其他产业的来说发展还是相对迟缓的。对于劳动力市场来说，农业劳动力确实是在不断流失当中，国家的政策还是不能够吸引人民的意志。而对于土地市场，随着我国人口的不断增长，我国将长期处于人多地少的尴尬局面当中。另外，资金市场和技术市场都是农业发展的前提条件，资金和技术的缺乏正是制约所在。

三、顺应市场经济规律协调农业结构策略分析

(一) 提高政府关注度，落实惠农政策

农业生产处于弱势发展的状态下，政府的支持是改善发展的必要条件，政府及各界都要实施相应的政策多角度扶持农业发展，增加惠农的经济政策，并落实到各部门进行实施，应大力投资农业建设，提高农民收入，调动农民生产的积极性，从本质上改善农业的弱势地位。除了经济的支持以外，对于乡镇地区的通信设施、电力线路等方面要进行统一的规划和维护，一旦出现故障，要及时进行处理，保障农村正常生产和生活。对于银行税务等相关机构，要推出降低贷款保证、提高农民贷款额度以及存款优惠等政策，并降低农业生产税收，从经济的角度支持农业发展。

(二) 引导产业结构多元化发展，牵头大型农业企业

农业产业结构的多元化发展是农业结构推进的必然趋势，仅仅从事农产品的生产工作是不能够获得有效的经济利益的，农产品属于最基础的加工材料，价格相对低廉，只有将农产品进行加工过后，才能获得更好的售价，因此要不断引导农民利用自产的作物，开展新的产业结构。对于规模较大的农业企业，要给予一定的支持和奖励，大型农业企业通常都联系着千千万万的个体劳作者，通过企业集合的方式，间接推入市场，并挑选有一定优势的企业进行创新的农产品加工研究，通过地区的优势，发展该地区的特色产业，从而提高地方品牌效应。

(三) 优化农业资本结构，扶持农业经济

市场经济的波动会影响农业市场的资本化，农业行业的快速发展离不开良好的资本结构，其中要包括不同种类的资本的作用，而单一的资本形式明显制约着我国农业结构的发

展。农村的经济发展处于中下游水平，农民自身的资本积累十分有限，大多数商业投资都不愿意将目光转向农业这个行业。我国农业资本相对来说较为缺乏，而目前我国农业资本的积累只通过农民的积累，并没有其他获取资金的形式，政府的投入只能用于提高一部分农民的生活水平，用于农业资本则是远远不够的，因此要加快农业的发展就必须增加资本的来源，优化各个资本之间的运用方式，科学合理地扶持农业经济的发展。

（四）推广科学生产结构，科学提高农业产量

面对日益减少的耕地面积，如何在有限的土地上增加农作物的产量是农业发展中迫切需要解决的问题。我国农业地区的种植与养殖通常都缺乏科学合理的生产结构，农民偏向于种植以往种植过的东西，并且类型较为单一，使得农业产量始终停滞不前，而通过在农村中推广科学种植的理念，并结合当地的土地和气候情况，提出科学的生产结构，种什么、种多少、怎么种都有一定的讲究，生产结构也是随着科学技术的发展以及自然条件的变化而改变的，生产结构的调整会是农业发展中一个长期而艰巨的任务。

第二章 农业经济发展的生产要素解读

生产要素指进行物质生产所必需的一切要素及其环境条件。一般而言，生产要素至少包括人的要素、物的要素以及结合因素。劳动者和生产资料之所以是物质资料生产的最基本要素，是因为不论生产的社会形式如何，它们始终是生产不可缺少的要素，前者是生产的人身条件，后者是生产的物质条件。本章主要围绕农业经济发展的生产要素进行分析。

第一节 土地与水资源

一、土地概述

（一）土地的概念

土地，在经济学上是指地球上的陆地和水域以及与之相连的土壤、气候、地貌、岩石、水文、植被等一切自然条件。由于研究对象的不同，在有的情况下，土地仅指地球上的陆地表层，或指地球上的陆地和水面。

（二）土地的分类

由于土地质量的差异性和用途的多样性，一个国家或地区的土地往往是千差万别的，但我们仍可按照其共性和差异性，根据一定的标准，把千差万别的土地划分为各种类别。土地分类的标准有多种，不同的分类标准满足不同的分类需要。按地形可把土地划分为山地、高原、丘陵、盆地、平原；按土壤质地可把土地划分为黏土、壤土、沙土等；按土地所有权的性质可把土地划分为国有、集体所有或私有；按特征可把土地分为耕地、森林、草地、内陆水域及其他土地等；按用途可把土地分为农用地、非农用地及未利用土地等。

（三）土地的特性

土地具有一系列与其他物质相区别的特性。土地的特性包括自然特性和经济特性。土地的自然特性是土地自然属性的反映，是土地所固有的，与人类对土地的利用与否没有必然的联系；土地的经济特性是人类对土地利用过程中产生的，在人类诞生之前尚未对土地进行利用时，这一特性是不存在的。

1. 土地的自然特性

（1）土地是自然的产物，面积是有限的。所有其他生产资料都是人类劳动的产品，通过人的劳动可以创造和增加相同生产资料的数量。唯独土地这种生产资料是自然形成的，具有不可再生性。人们可以改变现有土地的形状、物理化学性质及用途，把荒山、荒地、河滩、海滩、沼泽等改造成良田，但不能创造出比原有面积更多的土地。土地面积的有限性，不仅是指整个地球、一个国家或一个地区的土地面积有限，而且是指在一定社会经济条件下，一定时期，一定地域范围内的农、林、牧、渔各类用地都是相对有限的。所以土地是一种特别珍贵、数量有限的生产资料，它决定了人类活动的空间界限，要求在农业生产上除了必须充分利用一切可能利用的土地资源外，还必须特别重视不断提高土地生产率，使有限的土地生产出更多的农产品。

（2）土地位置是固定的，不能移动。土地总是与特定的自然环境条件和社会经济条件相联系，不像其他生产资料可根据需要而转移存在的位置。土地的这一特点是形成农业生产区域化的客观基础和进行农业生产合理布局必须考虑的重要因素，决定了农业生产的发展，既要根据需要和可能对土地加以合理的改造，同时又要因地制宜地利用各地区的土地资源，扬长避短。此外，由于土地位置不能移动，为改造和利用土地所进行的农业基本建设投资一经与土地结合，便不能分离。所以，农业基本建设投资决策决不能草率，必须重视长远规划，讲求投资的长期效果。

（3）土地能永久利用，土壤肥力可以不断提高。其他生产资料如机器设备等，随着生产力的发展和科学技术的进步，往往会被质优价廉的新产品所取代，或者在生产过程中逐渐磨损、消耗以至于报废。而作为农业生产资料的土地，只要合理利用，对农作物起培育作用的土壤肥力不仅不会耗竭，反而会不断提高，成为一种永续利用的生产资料。土壤肥力包括由各种成土因素，如母质、气候、生物、地形等综合影响形成的自然肥力和通过施肥、耕作、改良土壤、灌溉、排水等人为因素而形成的人工肥力。人工肥力与自然肥力融合在一起，共同形成了土地的潜在肥力，这种潜在肥力可以不断提高，并随着农业科学技术的进步和应用而转化为植物能直接利用的有效经济肥力。土地的这一特点，为解决社会对农产品日益增长的需求同土地面积有限的矛盾展示了光明的前景。

（4）土地生产力具有差异性。所谓土地生产力就是指土地生产农产品的能力，由于土壤中的水分和养分的空间分布有明显的差异性及成土母质中的矿物元素分布不均匀，即使在两块相近的土地上投入同样的活劳动和物化劳动，其产出也不会完全相同。造成土地生产力差异的原因主要有两个：一是不同区位的土地自然肥力各不相同；二是人类活动的影响造成土地生产力存在差异。生产力的差异性直接影响着土地的经济价值、利用方向和经营方式，在农业生产中不容忽视。

土地的自然特点是自然赋予的，与人类对土地的开发利用没有必然的联系，因而在进行农业生产时必须注意土地的上述特点和意义。但也决不能因此而过分夸大土地或自然条件在发展农业生产中的作用，陷入"自然条件决定论"的悲观境地，必须看到，土地和自然条件自身并不是发展农业生产的决定性因素。

2. 土地的经济特性

（1）土地供给的稀缺性。随着人口增长和社会经济的发展，人们对土地的需求量越来越大，土地供给与需求之间的矛盾日益尖锐。土地供给的稀缺性，一方面表现为供给总量与需求总量的不平衡，另一方面也表现为某些地区和某种用途的土地权属、地价、地租等经济关系和经济问题，它迫使人们珍惜土地，节约利用土地和集约经营土地。

（2）土地利用的区位性。土地位置的差别造成其用途不同和生产力差异，人们在利用土地时，必须根据土地自身的自然环境条件和所处的社会经济条件的适宜性进行区位选择，发展最适宜的生产项目，以获取最大的经济效益。

（3）土地利用方向变更的困难性。同一块土地往往有多种用途，一旦开发利用投入某项生产之后，要改变其利用方向则十分困难，还会造成巨大的经济损失。就农业用地来看，造成其用途改变困难的原因在于：一是农产品生产具有严格的季节性，土地利用方向无法在不适宜的季节中改变；二是不同的农作物对土地质量有特殊要求，短期内迅速增加或减少适合某种农产品生产需要的土地是较为困难的。这就要求在确定土地的用途时，必须慎重考虑，做全面长远的规划，避免人、财、物的浪费和生态环境的破坏。土地利用方向变更的困难也决定了农产品的供给价格弹性较小，农业生产不能迅速适应市场价格的变动进行调整。

（4）土地报酬递减的可能性。在一定的科学技术水平下，在一定面积的土地上，连续追加其他生产要素的投入时，在达到一定阶段之前，产量会随投入的增加而不断增加。但是当投入增加到一定数量之后，每增加一单位的投入所能新增加的产量会越来越少，最后会减少为零，甚至成为负值。经济学中把这种具有规律性的现象称为土地报酬（收益）递减规律。事实上，从社会发展的长期趋势看，科学技术是不断进步的，土地报酬递减规律是不存在的。但是从某一特定时期内的情况看，技术水平又是相对稳定或变化不大的，所以这个规律和以此规律为依据的边际分析方法，对于指导选择集约经营的方向和追加投资的适合度具有重要的实际意义。

（5）土地利用后果的社会性。各个生产部门对土地利用的后果，不只是影响本部门的经济效益，而且会影响整个国家和社会的生态环境和经济效益。在农业生产中，如果土地利用不合理，破坏了土地所依存的生态循环和生态平衡，就会使土壤有机质减少，土壤结构被破坏，肥力下降，最终可使土壤肥力赖以依存的耕作层流失殆尽，出现不堪设想的严重后果。为此要求国家必须对土地进行必要的宏观管理。

土地的自然经济特点，决定了土地利用不单纯是一个技术问题，而且是一个重大的社会经济问题。为了充分合理地利用土地资源，保护土地资源，不断提高土地生产力，既要研究由土地占有权和土地使用权所引起的一系列生产关系，又要研究土地这种不可缺少的生产要素的合理配置及开发利用等生产力合理组织问题，掌握土地利用的客观规律。

（四）土地在农业生产中的重要作用

土地是人类进行生产活动必需的物质条件和自然基础。劳动是财富之父，土地是财富之母。作为生存空间，土地是人类不能出让的生存条件；作为生产所必需的物质和能量来源，人的劳动只有同合并于土地的自然力相结合，才能创造财富。因此，没有土地，人们就不可能生存和进行任何生产活动。土地对于一切物质财富的生产，虽然都是不可缺少的必要条件，但在农业生产中却具有更加特殊的重要作用。

（1）农业是直接利用植物和动物的生命力和太阳能进行生产的部门，农业中的第一性生产——植物生产，对土地有特殊的依赖性，必须使用大面积的土地，在广阔的地域上进行。

（2）在其他生产部门中（采掘业除外），土地并不直接加入劳动过程，只是起一个立足点和活动场所的作用，而在农业中，土地则不仅是一个立足点和活动场所，并且还以其自身的物理性质、化学性质、生物学性质和气候条件，直接参与农业生产过程，影响着农产品的产量和质量。

以上两个原因就决定了土地是农业生产中不可替代的基本生产资料。要发展农业生产，就必须首先具有和充分合理地利用土地资源。

（五）土地制度

农业上的土地利用和其他领域的土地利用一样，都是在一定的土地制度下进行的。对土地利用的经济学分析，必须考虑土地制度的影响。土地制度存在于成文的法律、法规中，也存在于不成文的习惯与风俗里。从广义上看，土地制度包括有关土地利用活动的一切制度，如土地所有制度、土地使用制度、土地租赁制度、土地规划制度、土地保护制度、土地税收制度、耕作制度、土地整理制度、土地开发制度等。土地制度规范人们的土地利用行为，规范土地分配、占有、使用、收益、处置、管理等经济活动的基本方式，从根本上决定着农业的生产经营方式。

土地制度的核心是土地产权制度。构成土地利用的各类规则，就包含的内容而言，都是用来直接或间接地规范土地产权关系的。反过来，规范土地产权关系的一系列规则所组成的土地产权制度，成为土地制度的基本内容。

产权，可直观地表现为主体对客体财产物的某种支配权利。构成产权的要素有三项：主体，即权利的享有者，它可以是自然人、企业法人，也可以是公法人；客体，即权利所指向的标的，即有体物；权利内容，即主体对客体具体享有的权利和承担的义务。前两项要素说明，产权首先表现为人与物之间的关系；最后一项要素说明，产权总是体现了人与人之间的关系。美国土地经济学家伊利指出产权的本质"在于基于人与物之间关系的人与人之间的关系"。美国威斯康星大学教授布罗姆利在其《经济利益与经济制度》一书中认为："财产安排不是两分的（dichotomous），它们不仅使某人与某物联系起来，更指的是某人与某物一起同他人的关系。"

土地产权，是指主体对客体物土地的各种支配权利。在大陆法系国家中，土地产权主要由民法典中的物权法来规定。其特征是，以土地所有权为核心，同时又设置有用益权和担保权。土地所有权是对土地财产独占性的支配权，即权利人对自己土地财产所享有的权利，又称自物权。它由占有、使用、收益、处分四要素，即四项积极权能和排除他人侵害的消极权能组成。在英美法系的英国，理论上土地是英皇或国家所有，但在用益权得到极大发展的情况下，这种土地所有权不具有任何实际意义。在英语中，地产（estate）原意是身份，把身份与土地占有联系起来，就形成了地产权，在同一块土地上可以有两个或两个以上的内容不同的地产权。事实上，在英国拥有土地的完全保有权（freehold）就意味着拥有对土地独占性的支配权，即拥有实际上的土地所有权。在美国，地产权分为终身享有的地产权、法定的地产权等，终身享有的地产权实际上相当于所有权。从法律规定的权利来看，所谓土地产权是以土地所有权（或相当于土地所有权的权利）为核心的各种土地财产权利的总称。

现实中的土地所有权（或相当于土地所有权的权利），并非完全的、绝对的土地所有权，而是政府根据公共利益需要对绝对的土地所有权进行限制和干预以后留给个人的土地权利。正是对绝对的土地所有权的限制和干预，形成了各种土地财产权利，同时形成了土地管理制度。比如，国家对农业土地租赁者权利的界定和保护，实质上就是对土地所有权的一种限制，土地所有权人即土地出租者在行使土地所有权时就不得不尊重租赁者及其拥有的权利；在这种界定和保护中，形成了土地所有权人受限制的土地所有权和这块土地的租赁权。再比如，就一块农用地而言，国家对在其中通行及在其上架设通信线路权利的界定和保护，使得土地所有权人的土地所有权受到限制，形成了土地所有人受限制的土地所有权和公共享有的对该土地的地役权。国家对土地产权关系的确认、界定，形成了国家土地登记制度；国家对土地利用活动进行的规划管制和对农用地进行的保护，实际上是对土地产权的行使所做的一种事先限制，形成了土地利用规划管理制度和耕地保护制度。从这个角度看，土地制度可以理解为土地产权制度与土地管理制度的结合物。

（六）土地资源的开发利用

1. 土地开发的含义

土地开发包括两方面的含义：一方面是指土地利用范围的扩大，即对未利用土地的开发，如把尚未利用的荒山、荒滩、海涂等转化为可以利用的土地；另一方面是指土地利用深度的开发，把现已利用但利用尚不充分、生产效益低下的土地以及城市基础设施不配套的老城区等加以改造提高，使其利用充分，效益提高。土地开发是通过各种手段挖掘土地的固有潜力，提高土地利用率，扩大土地利用空间与利用深度，充分发挥土地在生产和生活中的作用的过程。

2. 我国土地资源开发利用中存在的问题

（1）土地资源退化十分严重

①水土流失加剧。随着人类经济活动的加速，全国水土流失逐渐变得严重，并且还在继续扩展。黄土高原、长江流域、东北黑土区，这三个地区的这一问题尤为严重。

②牧草地退化。导致牧草地退化的主要原因就是人类经济活动的结果，主要问题集中在畜牧业与旅游业的发展上，两者对草地的不合理利用都在一定程度上使草地遭受着严重的破坏。

③湖泊面积缩小，沙化面积扩大。由于水土流失与牧草地退化问题的加剧，造成了湖泊面积缩小和沙化面积扩大。

（2）土地污染、破坏严重

由于人类不同的经济活动，土地面临着工业污染、城市周边地区生活垃圾堆放污染、农药与化肥使用残留的污染、矿区土地破坏等诸多方面的问题。由于我国农垦历史悠久，土地开发利用程度高，因此普遍存在土地资源退化问题，表现为水土流失、土地沙化、草原退化及水资源枯竭等，而且由于各种不合理的人为活动和土地利用方式，土地退化日益加剧。

3. 我国土地资源开发的潜力

（1）耕地资源仍有待进一步开发

1949年至今，我国在大规模农田基本建设，提高现有耕地利用率，开垦新的宜农荒地，绿化荒山、利用草原和水面等方面取得了巨大成就，但在土地资源开发深度和广度上还有相当潜力。

（2）林地资源开发潜力巨大

我国有1/3的泥炭沼泽分布于东北林区，主要是大兴安岭、小兴安岭和长白山地区。这些山区受冷湿气候影响，大部分不宜开垦发展农业，把它们改造用于林业，将是因地制宜合理利用沼泽资源的有效途径。这就要求积极搞好用材林基地和五大防护林体系建设，培育森林资源，促进森林资源增长。同时进一步提升林地管理水平，提高林地生产力，将森林单位面积蓄积量提高到现有世界平均水平。

（3）草地资源利用不充分，具有开发潜力

我国北方草地已基本处于超载状态，潜力较大的草地已转向南方热带、亚热带山区的草山草坡。同时，我国的人工和改良草地还可扩大；在西北牧区仍可开垦水热条件较好、适宜耕种的天然草地作为饲料生产基地。

（4）湿地资源的景观开发潜力

我国的湿地资源非常丰富，对湿地的利用也在逐渐增加。虽然多数湿地已被利用，但湿地资源仍有潜能，未被正确利用。湿地资源因为具有非常好的生态价值，不但维持着整个生态系统的平衡，同时也为诸多珍稀动植物提供了生存环境。湿地系统的特殊性，为人类提供了一种不同于其他景观的欣赏价值，所以旅游开发潜力巨大。对湿地旅游合理的开发利用不但能促进社会经济的发展，同时也能够让人们更加正确地认识湿地资源的重要性，形成对湿地保护的意识。但对于湿地旅游的开发要讲究合理性，不能以破坏为代价。在开发的同时应建立一系列管理制度与保护措施，实现湿地资源的可持续利用。

二、水资源

（一）水资源的概念

水资源通常是指对一个国家或地区来说具有经济利用价值并可以不断更新的那部分淡水量，包括地表水、土壤水和地下水。大气降水是恢复和更新水资源的基本来源。水资源虽然是一种可再生资源，但并不是取之不尽、用之不竭的，而是一种有一定限量、无法替代、极易受污染的宝贵资源。

水是人类和地球上的一切生物赖以生存繁衍和社会经济发展不可缺少的宝贵自然资源。没有水，就没有生物，也就根本不会有人们的生产活动和社会活动。在当今世界上，由于经济发展和人口增加，人类对水资源的耗费日益增长，水资源短缺的矛盾已引起了世界各国的普遍关注，被视作与粮食、能源等相提并论的一个严重的社会经济问题。

水资源对农业的重要性是显而易见的，水是农业的命脉。水既是农业生物生理组成的不可缺少的物质，又是参与农业生产中物质和能量转化的重要因素，而且还对地貌、植被、土壤等自然地理环境的形成具有决定性的影响，以至于制约着农业布局、农业生产结构及生产发展方向。因此，认真研究解决好水资源的问题对农业至关重要。

（二）水资源的特性

1. 水资源的一般特性

水资源属于可再生资源，除具有一般再生自然资源所共有的属性外，还有其本身固有的特性。

（1）循环性

地球表面的水在太阳辐射能和地心引力的相互作用下，水分不断蒸发和蒸腾，并汽化为水蒸气，上升到空中形成云，又在大气环流的作用下传播到各处，遇到适宜的条件即成为雨或雪而降落到海洋和陆地。降落到陆地上的水分，一部分渗入地下，成为土壤水或地下水；一部分经植物吸收后再经枝叶蒸腾进入大气层；一部分可直接从地面蒸发而散发；一部分可顺着径流汇入江、河、湖泊流入大海，再经水面蒸发进入大气圈。这种过程循环往复、永无止境，被称为自然界的水循环。

水循环是自然界中三大基本循环之一，循环性则是水资源最基本的自然特性之一。从客观上说，地球上的水总量基本上是恒定不变的，但自然界中各种水体在循环过程中能够不断更新，它们循环更替的时间长短不一，差别很大。对于农作物来说，土壤水是最有直接效用的水资源。在水的自然循环过程中，土壤水可以看作是一个暂时的"水库"。土壤水分含量受天气和气候的影响，夏季是作物生长旺盛时期，水分在作物体内的滞留时间只有2~3天，只靠大气降水入渗补充维持的土壤水分往往不能满足作物的需要，必须适时适量地灌溉。大气中所含的水分虽然仅占全球水量的0.001%，但是大气降水循环周期短，更换速度快。水汽在大气中的滞留时间从几小时到几十天，平均7~10天就更替一次。大气水分的重要价值远远超过它在总储水量所占的比重，大气降水是陆地上各类水体的主要补充来源。

（2）水的有限性和质的不可替代性

水资源的有限性表现在两个方面：一是地球水总量的恒定不变，决定其数量的有限，即不是无限的；二是尽管全球总水量十分巨大，但在一定历史条件下，可被利用的水资源却是有限的。实际上，与人类生活和工农业生产关系最密切的江河、湖泊、浅层地下水、土壤水等在地球总水量中仅占0.3%，数量有限，并不是"取之不尽，用之不竭"的。

同时，水还具有不可替代性。科学技术发展到今天，尚未找到任何一种可以完全替代水的物质。正是由于水的这种不可替代性，加上水的绝对数量有限，可利用淡水资源的相对缺乏，以及对水资源的需求量越来越大和未受污染水资源的不断减少，人们感觉到水资源越来越稀缺，水越来越成为极其宝贵的自然资源。

（3）分布的不均匀性

降水地区分布的不均匀，以及地形地貌和其他气候条件的区间差异，导致了水资源在地区分布上的不均匀性，在季风地区表现得尤为突出。同时水资源在不同季节也具有分布不均匀的特点。

（4）多用性

水资源的利用内容和形式是多种多样的，如灌溉、养殖、航运、发电、旅游等，而且水资源在不同形式的利用中可以彼此相互促进、转换，达到综合利用的目的。

2. 水资源的经济学特性

（1）水资源通过降雨、降雪等方式可以自然循环补充。水在自然蒸发、植物吸收利用和人类开发利用等消耗后，只要该地区的水文、地质、大气状况不变，水资源的总储量尽管随时间有波动，但不会枯竭，水资源可以自然补充，重复利用，其经济收益可以随时间坐标无限延续。

（2）水资源同其他矿产资源相比，其利用只能是自然状态，不能通过人工提炼而在体积上或在经济价值上得到浓缩。从市场流动状况看，具有开采价值的化石能源或其他矿产资源都已经过自然浓缩过程，而且还可以人工加以浓缩，使其经济价值不断增大，进而使远距离市场配置的运输成本相对其经过浓缩的产品价值来说较为低廉，而且也便于运输。而对水的利用只能是其自然状态，体积上不能够浓缩，经过加工的饮用水虽然经济价值有所提高，但却非常有限，这样运输成本就相对较高。水作为自然赐予物，如同空气一样，尽管重要，但自然界中的水是不用付费利用的，其最初和最基本的利用，是为了水源区域生物与人类的生存，而不是为了经济利益。而矿产资源则不同，尽管也是自然赐予的，但其最初的利用就是为了经济利益，所考虑的市场远大于矿区范围，因而其远距离运输在经济上也必然可行。

（3）水资源既是生产对象的主体，又是生产对象的载体或媒体。不论是矿产资源还是生物资源，它们都是生产对象的主体，即从生产资源到最终产品。水资源不仅是生产对象的主体，如自来水、矿泉水的生产，而且还是生产的载体或媒体，如动植物生产、水能、航运等。

（4）人类对水资源循环上不能实施有效的人工控制。水资源在给人类带来许多正效应的同时，还会带来负效应。水自然循环具有不规则性，往往会在一定时间和空间范围内形成自然供给不足或过量，造成干旱或洪涝灾害，人类不能对其实行完全有效的控制。这显然是一种经济负效应，不仅无法发挥自身的主体与载体功能，而且还会给其他经济资源带来破坏。

（5）水资源的自然供给无弹性，需求呈刚性。水资源的自然供给与市场需求及价格无关，不随人们的主观意志而转移。然而人类生存离不开水，人类所食用的动植物都依赖水而生存。缺少水，矿产和生物资源的开发利用就要受到限制，人类的经济活动就会受阻。所以水资源的开发利用不仅是经济问题，还是社会和生态问题。水资源的这一特性要求人口数量、经济规模和农业生产必须考虑水的可供性，否则过大的无弹性需求会导致整个经济系统的崩溃。

（三）我国水资源的时空分布

1. 水资源的时间分布

水资源的时间分布主要包括年际变化和季节变化两部分。我国降水量和径流量的年际变化与季节变化都很大。总的来说，水量越少的地区变化越大。

（1）年际变化

根据全国 53 个有长期年降水和年径流资料的水文观测站的统计数据分析，我国南方平均年径流量一般为最小年径流量的 2～4 倍，北方为 3～8 倍。历年汛期的最大月降水量可达最小月降水量的 10 倍以上。全国大部分地区连续最大四个月的降水量要占年降水量的 70% 左右，其中南方为 60%，华北及辽宁沿海可达 80% 以上。径流量的情况与降水量相似，华北平原是全国年径流量年际变化最大的地区。

年地下水资源随着降水与地表水补给量的变化而发生变化，特别是遇上连续的干旱年，地下水量会大幅度下降。

（2）季节变化

水资源的季节变化与降水季节有关。我国水资源除了南方部分地区外，大都集中在夏季（6月—8月），北方夏季水资源量普遍占年径流量的 50% 以上，东北可达

50%～60%，而华北平原和内蒙古高原的内陆高达60%～70%，西北干旱地区在高山冰雪融水补给占较大比重的昆仑山北坡可达70%以上。南方夏季径流量一般只占年径流量的40%～50%。四川盆地和云贵高原的河流较高，为50%～60%。台湾南部也较集中，可达50%～60%，而东部只有30%～40%。

我国大部分地区秋季（9月—11月）径流量占年径流量的20%～30%。秦岭、大巴山地区较高，占35%～40%；西南地区为35%～45%；受台风影响的台湾东部可占40%～50%；海南岛更高，在50%以上，成为我国秋季径流量最多的地方。但我国东南沿海较低，一般仅占15%～20%。

冬季（12月至翌年2月）是我国径流最枯的季节，一般只占年径流量的4%~6%。东起松花江流域、辽河流域，西至内蒙古、新疆的内陆流域，除极少数地下水补给量较大的河流冬季径流量可超过年径流量的10%以外，绝大多数只占2%以内。台湾东北部是我国冬雨最多的地区，冬季径流量可达年径流量的25%以上。

我国各地春季（3月—5月）径流量相差悬殊。东北山地一般可占年径流量的20%～25%，而平原只占10%～15%；华北除局部地区外，春季径流量只占年径流量的6%～8%；西北除阿尔泰及塔城地区外，一般只占10%～15%；四川盆地的中部也只占10%。因此，春季是我国农田主要的受旱季节。

我国降水量和径流量在年与年之间变化悬殊，以及降水量、径流量在年内高度集中的状况，不仅给开发利用水资源带来了许多困难，同时也是我国水旱灾害频繁的根本原因。从多年的情况看，我国大规模的涝灾主要发生在东部几条大河的中下游地区，其中以长江中下游地区最为严重。

2.水资源的空间分布

我国水资源的空间分布很不均匀，是由降水和地形等自然地理特点所决定的，总的趋势是自东南沿海向西北内陆递减，近海多于内陆，同一地区内，山地大于平原，特别是山地的迎风面，远多于平原或盆地。按照年降水与年径流的多少，全国可划分为水资源不等的五个径流带。

（四）水资源的管理和保护

1.水资源管理的概述

（1）水资源管理的含义

水资源管理就是运用行政、法律、经济、技术和教育等手段，对水资源开发、利用和保护进行组织、协调、监督和调度等工作。具体内容包括组织开发利用水资源和防治水害；

协调水资源的开发利用与治理和社会经济发展之间的关系，处理各地区、各部门间的用水矛盾；监督并限制各种不合理开发利用水资源的行为；制订水资源的合理分配方案，处理好防洪和兴利的调度原则，提出并执行对供水系统及水源工程的优化调度方案；对来水量变化及水质情况进行监测与相应措施的管理等。

水资源管理的目的是为了保证水资源的供应，满足人类生活和社会经济发展对水的需要。从经济学的观点看，要以最小的水资源消耗取得最大的经济效益；从社会的观点看，要保证生产和生活对淡水的最低需求，确保社会的安定。

（2）水资源管理与水利管理的关系

在我国，水资源管理和水利管理有很多相同的内容，但水资源管理又有很多新的发展，并超越水利管理的内涵。从广义上说，水利管理包括了水资源管理，因为水利管理的内容中也有对水资源的开发、利用、保护和管理的内容，但还包括了对已建水利工程系统的管理。水资源管理则以提高水资源的有效利用率、维护水资源的合理分配、保护水资源的持续开发利用、保护水源和充分发挥水利工程的最大社会、环境和经济效益而进行的对水资源优化调度，以及对一切类型的水工程（防洪、灌溉、发电、航运、供水以及为任何目的在水域内修建的工程）的合理规划及布局进行协调与统筹安排等为主要内容。

2. 水资源管理的目标和内容

由于水资源问题日益突出，人们普遍认识到只有加强对水资源的管理才是正确的出路。我国对水资源的管理工作正在不断得到完善、加强和提高，特别是在1988年全国人大常委会审议通过了《中华人民共和国水法》，加强了水管理的法制建设。在国家制定的《中国21世纪议程》中对水资源管理的总要求是：水量和水质并重，资源和环境管理一体化。其具体目标是：（1）形成能够高效率利用水的节水型社会；（2）建设稳定、可靠的城乡供水体系；（3）建立综合性防洪安全保障制度；（4）加强水环境系统的建设和管理，建成国家水环境监测网。

水资源管理的内容已涉及水资源的开发、利用、保护和防治水害等各个方面活动的管理。这种管理不仅表现在对水资源权属的管理，还涉及国内和国际间的水事关系。实现有效的水资源管理，必须有一定的措施保证，包括行政法规措施、经济性措施、技术性措施、宣传教育措施和必要的国际协定或公约等。

3. 水资源管理体系

对水资源进行科学合理的管理，应从资源系统的观点出发，对水资源的合理开发与利用、规划布局与调配，以及水源保护等方面，建立统一的、系统的、综合的管理体制，按照《中华人民共和国水法》和有关部门规定，由水行政主管部门实施管理，并主要体现在以下几个方面：

（1）规划管理

对于大江大河的综合规划，应以流域为单位进行，要与国民经济发展目标相适应，并充分考虑国民经济各部门和各地区的发展需要，进行综合平衡和统筹安排。根据国民经济发展规划和水资源可供水能力，合理处理好水资源与社会经济发展的关系。

水资源综合规划，应是江河流域的宏观控制管理和合理开发利用的基础，经国家批准后应具有法律约束力。

（2）开发管理

开发管理是实现流域综合规划对水资源进行合理开发和宏观控制的重要手段，也是水行政管理部门对国家水资源行使管理和监督权的具体体现。各部门、各地区的水资源开发工程，都必须与流域的综合规划相协调。

我国以往兴建水利工程开发水资源，是按照基建程序进行，不须办理用水许可证申请。现在必须依照《中华人民共和国水法》的规定，凡须开发利用新水源修建新工程的部门，都必须向水行政主管部门申请取水许可证，发证后方可开发。实际上，世界上许多国家都早已实行取水许可证制度，限制批准用水量，并必须根据许可证规定的方式和范围用水，否则吊销其用水权。

（3）用水管理

在我国水资源日益紧缺的情况下，实行计划用水和节约用水是缓和水资源短缺的重要对策。水行政主管部门应对社会用水进行监督管理，各地区管水部门应制订水的中长期供求计划，优化分配各部门用水。为达到此目的，应制定各行业用水定额，限额计划供水；还应制定特殊干旱年份用水压缩政策和分配原则；提倡和鼓励节约用水，并制定节水优惠政策。对节水单位进行奖励，以促进全社会都来节水。

（4）水环境管理

人类必须对宝贵的水资源加以精心保护，避免滥排污水造成水质污染，因为水源污染不仅使可用水量日益减少，而且危害人类赖以生存的生态环境。为了解决保护水资源的问题，许多国家都成立了国家一级的专门机构，把水资源合理开发利用和解决水质污染问题有机结合起来，大力开展水质监测、水质调查与评价、水质管理、规划和预报等工作。为了进行水环境管理工作，应制定江河、湖泊、水库等不同水体功能的排污标准。排放污水的单位应经水管理部门的批准后，才能向环保部门申请排污许可证，超过标准者处以经济罚款。水行政管理部门应与环保部门共同制订水源保护区规划。

我国目前对水资源实行统一管理与分级、分部门管理相结合的制度，除中央统一管理水资源的部门外，省（自治区、直辖市）也建立了水资源办公室。许多省的市、县也建立了水资源办公室或水资源局，开展了水资源管理工作。与此同时，在全国七大江河流域委员会中也建立了健全的水资源管理机构，积极推进流域管理与区域管理相结合的制度。

4. 水资源保护

为防止水资源因不恰当的利用而造成水源污染或破坏水源，采取法律、行政、经济、技术等综合措施，对水资源实行积极保护与科学管理的做法，称作水资源保护。水资源保护是环境保护的主要内容之一，是水环境保护的组成部分，又是水资源管理的重要方面。水资源保护一方面是对水量合理取用及对其补给源的保护，包括对水资源开发利用的统筹规划、涵养及保护水源、科学合理用水、节约用水、提高用水效率等；另一方面是对水质的保护，包括调查和治理污染源、进行水质监测、进行水质调查和评价、制定有关法规和标准、制订水质规划等。

水资源的数量和质量是不可分割地联系在一起的。水体的总特性反映在包括化学、物理、生物和生态的参数中，而自然和人为的活动也直接产生对水质不可忽视的影响，如土地利用、工农业生产活动、人类的经济和生活活动以及水土流失、森林采伐等都对地表和地下水体的水质产生影响。对水资源在总体上采取对水量和水质的控制和管理，也是保持水资源的持续开发利用的重要基础。

由于用水量的不断增加，要求供水能力不断提高，因此对水源必须采取保护性措施，以避免因过量引用或开采造成对水源的破坏，否则将不得不采取更加昂贵的办法来恢复、处理和开发新的水源。这一点特别是在对水资源的开发、利用、管理与水生生态系统间的联系还缺乏全面认识的情况下更应如此。因此，制订一个以保持水资源的持续开发为目的的合理的水资源供需规划，是非常必要的。

对于河流水资源的水量和水质保护都要根据其流经的范围，分别制订地方的、国家的以及国际的流域行动计划，并协调地方、国家和国际机构间的活动。对于意外的污染泄漏事故和自然灾害的紧急应变计划，也要事先做出行动纲要，以免临时措手不及，扩大灾害范围。

（五）水资源开发利用

1. 水资源开发利用的含义

水资源开发利用（water resources development and utilization）是通过各种措施对天然水资源进行治理、控制、调配、保护和管理等，使其在一定时间和地点供给符合质量要求的水量，为国民经济各部门所利用。

通过水工程和水管理等措施对水资源进行调节控制和再分配，以满足人类生活、社会经济活动和环境对水资源竞争性的需求。社会发展到一定阶段，水资源的原有分布状态会被打破，只有通过水工程和水管理对水资源的时间和空间分布进行调控和再分配，才能满足人类的需要。随着社会经济的发展，水资源开发的目的和范围日趋扩大，近现代水资源开发主要包括：以满足城乡居民生活和工农业生产用水为目的的供水、灌溉、排水工程；以利用水能为中心目的的水力发电和航运工程，以保证供水质量和污水处理为目的的水质处理工程；以水域利用为主的水产养殖和旅游设施等。

从水资源开发的过程看，大体可分为单一目标开发和多目标开发。多目标开发从单项工程向流域性多项工程和整个地区发展，从单纯为增加经济收益向社会和环境的整体利益发展。水资源开发已成为自然科学、技术科学和社会科学三者高度综合的重要学科。

2. 水资源开发利用的形式

（1）农业用水

农业是整个水资源需求中消耗水量最多的生产部门。在农业用水中，农田灌溉用水占主要地位。通过兴修水利设施来保证农业的正常用水需求，已成为保证农业稳产高产的重要措施。

（2）工业用水

任何一种工业，都离不开水。按用水性质、作用不同，工业用水可分为原料用水、锅炉用水、冷却用水、工艺用水、冲洗用水、空调用水及水力用水等。

（3）生活用水

人类为了生活，每天需要一定量的水，所需水量多少不仅与年龄、体质、季节和所在地区等因素有关，也与生活水平密切相关。

（4）生态用水

特定区域、特定时段、特定条件下生态系统总利用的水资源为生态用水。由于自然界中的水资源是有限的，某一方面用水多了，就会挤占其他方面的用水，特别是常常忽视生态用水的要求。

3. 水资源开发利用存在的问题

我国水资源的利用目前存在如下问题。

（1）农业用水所占比例仍然较高

我国农业用水占全国总用水量的绝大部分。随着工业化和城镇化的发展，这个比例在逐渐下降。总体来看，农业用水比重仍然偏高，在我国水资源十分紧缺的形势下，有效控制农业用水总量，是解决水资源供需矛盾的重要途径。

（2）农业用水利用率较低，水利设施不配套，浪费严重

长期以来，在水利建设上存在注重大型、骨干和主体工程，而对一些小型的和一般的配套工程不够重视，以致我国许多水利工程长期不能发挥应有的效益。另外，由于管理不善，农业灌溉技术落后，工业上循环利用率也较低，水的浪费现象非常严重。

（3）旱涝灾害仍比较严重

旱涝灾害仍然严重影响着我国的国民经济发展和危及人民生命财产安全。全国平均每年受到旱涝灾害的面积仍近4亿亩，因灾减收粮食平均每年有几百亿千克。其中遭受洪涝灾害的面积平均每年达1亿多亩。如何防治旱涝灾害的发生，减少或避免灾害带来的损失，是我国合理利用和保护水资源中十分重要的问题。

（4）水源污染日趋严重

随着工业和城市的发展，水资源受到污染的状况越来越严重。据水利部门统计，2015年我国废污水排放总量为770亿吨。时至今日，水源污染更为严重了。

4. 我国农业水资源开发利用存在的问题与对策

农业是我国用水大户，农业用水主要包括农田、林业、牧业的灌溉用水及水产养殖业、农村工副业和人畜生活等用水。农田灌溉用水是农业的主要用水。地下水的开发利用在农业用水中占据着十分重要的地位。在北方农业用水中，地下水用水量占农业总用水量的1/4左右。

（1）我国农业水资源利用存在的主要问题

①用水效率低，浪费严重

从总体上看，我国农业水资源利用效率不高。在我国农业用水中，约有一半被白白浪费了。在灌溉水利用率方面，我国与发达国家差距更大。

②灌溉工程老化和不配套

据统计，全国现有许多大型灌区老化失修，其中部分大型水库存在不同程度的病险。而灌溉渠系的老化、年久失修和不配套现象则更为严重。这些问题严重威胁了我国的农业用水安全。

③农业用水的管理体制问题

由于没有合理的利益机制和责任机制，管理部门失去节水的积极性，如灌区的收入主要依靠水费，在固定的价格条件下，水费的多寡取决于供水量的多少。一些灌区为了获得较多的收益，甚至鼓励多用水。因此，必须改变这种"自然分配，按需供给"的农业水资源管理体制，将农业用水纳入统一的水资源管理和调配。另外，还应制定相关政策，通过合理补偿机制，加强农业用水的优化和节水，实现水资源在区域农业、城市、工业间的合

理分配。

(2) 我国农业水资源利用的主要对策

实现水资源的可持续利用是中国农业可持续发展的必由之路。可持续的水资源开发利用应以满足经济发展和生态环境保护为目标，应从节水、开源和加强用水管理三个方面着手。

①推广农业灌溉节水技术

节水农业是在充分利用自然降水的基础上，通过采用水利、农业、管理等措施，最大限度地减少输水、配水、灌水直到作物耗水过程中水的损失，从而提高用水效率、单位用水量的产值和产量。实施喷滴灌技术、低压管道输水技术、渠道防渗技术，可节水增产。

②积极开发新水源

在合理利用地表水和地下水这些常规水资源的同时，还应该充分发掘雨水、土壤水、劣质水的利用潜力。如通过修建田间蓄水和拦截工程来达到积蓄雨水的目的，通过污水净化技术、海水淡化技术实现污水资源化、海水资源化，从而实现农业水资源的高效利用。

③加强用水管理

鉴于我国农业用水在水资源利用中比重大且浪费严重的现实，应尽快将农业用水作为水资源管理的重要内容，并制定相关政策，通过"利益机制"和"责任机制"来调动农业节水的积极性，改革现有不合理的农业水资源的管理体制、投资机制和水价政策，实现农业水资源的可持续利用。

5. 水资源利用对策

解决我国水资源供求矛盾的主要途径如下。

(1) 有重点地规划和兴建水资源工程

我国大型水库库容少，调蓄天然径流的能力低，是我国供水能力低和供水保证程度不高的重要原因。要增加新的供水能力，必须有计划地新建一些战略性的骨干水库工程。它不仅可以增加控制天然径流的能力，解决我国水资源分配不均的矛盾，而且可以调蓄削减洪峰流量，防止水涝灾害，提高抗御水旱灾害的能力。同时，要加强水利管理，充分发挥现有工程的效益。

(2) 坚持流域综合治理，实行生物措施与工程措施一体化开发

在修建各种大小型水库、塘坝、沟渠围堰的同时，在库区、塘坝周围，上下游地区的山丘坡岗、荒滩、沙漠地区及一切宜林、宜草地区种树种草。充分发挥森林、草原植被涵养水源、减少水土流失、调节地表径流等特有功能，以增加洪水期水库的有效蓄水量和枯水期水库的有效放水量，降低泥沙淤积速度，延长工程设施的使用寿命，扩大防洪抗旱能力和增强调节功能，因此，在加强水利工程建设的同时，绝不可忽视生物措施的作用。

（3）节约用水，提高水资源的利用效率

节约用水，一靠政策，二靠科学。一方面，应尽快实行水资源的有偿使用，收取水费和水资源税，利用经济手段促进节约用水；另一方面，要大力推广先进的灌溉手段和技术，先进的灌溉技术不仅有利于节水，而且可以节省用地和提高产量。

（4）加强水资源保护，防止水体污染

水质的好坏直接影响着供水的质量和数量。为了保证安全供水，第一，要建立水源保护区，消除污染源；第二，要狠抓三废治理；第三，抓好工业用水的重复利用和循环利用。开源与节流，只有在水资源保护的前提下，才能发挥有效的作用。因此，水资源保护是今后开发利用水资源的基础。

（六）水资源的合理配置与利用

水既是重要的自然资源，又是重要的经济资源。水资源的配置和利用不仅关系到农业的可持续发展，还关系到工业化和城市化以及人民生活水平的提高。因此，单纯任何一种措施都难以全面解决水资源的配置和利用问题，必须考虑建立多种运行机制，采取综合治理的办法。

1. 建立水资源配置和利用的市场机制

水资源既然是一种重要的经济资源，就应该在水资源配置和利用过程中让市场机制发挥基础性作用。自然界中的水是没有价值的，因为水中没有凝结人类的劳动。一旦水要达到人们可利用的程度，就要修建一系列的设施，购置各种各样的设备，还要投入大量的活劳动，这些都构成水的供给成本。因此，水的供给价格必须考虑它的生产成本，一方面，低价或无偿的水供给，要么是政府财政不堪重负，要么是供水企业难以为继，水的供给减少；另一方面，低价或无偿的水供给，降低了生产者的生产成本和居民的生活费用，这必然会使人们增大对水的需求或浪费。然而，水市场的建立，在地区和产业之间必须有所区别。随着城市化和工业化水平的提高，城市居民和非农产业对水的需求必然大量增加。中国已达到了工业化的中期阶段，城市居民的生活也达到了小康水平，水的供给价格应该参照供给成本加平均利润加以核定，使非农产业和城市居民真实地感受到水的商品性，通过价格机制来调节非农产业和城市居民对水的需求。然而在农村和农业中，完整意义上的水市场还难以建成。如果农村居民的生活用水来自集中供给，就可以建立水的市场。但中国绝大多数农村居民的生活用水是自我抽取地下水或担取河水，这样，水的市场就无法建立。至于农业生产中的用水情况也比较复杂。有些农民采集的是天然降水，这就无法形成市场，并且政府在财力和技术上还要给予一定的支持；有些农民抽取地下水和河水，这些水属于公共资源，也不能够形成市场，但可考虑通过政府收取水费的办法，来调节农业上的用水量。要改变现在按耕地面积收取水费的办法，而按用水量来收费；有些农民的灌溉用水来自灌区供水，就要让农民承担部分供水成本。对农业用水收费将产生巨大的管理成本，但不收费必将造成农业用水的巨大浪费。水费的收取必将增加农业生产成本，降低农民收入。从农业可持续发展的角度来考虑，对农业的某些用水收取费用，将有利于节约用水。收获的水费应用于补贴节水灌溉的设施和设备，从而使节水农业变为现实。

2. 建立水资源配置和利用的利益调节或补偿机制

中国水资源在地区和季节的分布上都表现出了严重的不均，要充分利用水资源，就要对水资源进行拦蓄和输送，这种水资源的重新配置，造成了不同地区之间经济利益的得失不同。一般来说，水资源的重新调配，收益多发生在用水区，许多成本则发生在水源区。如果没有合理的经济利益调节或补偿机制，很可能得不到成本承受人和地区的主动配合。其结果一是影响工程效应的充分发挥；二是部分人和地区利益受到伤害。这都有悖于市场经济条件下资源配置的原则要求。从国民经济总体上看，从用水区的收益角度出发，水资源的跨流域或跨地区调配是符合效益原则和有利于经济发展的。但从水源区的经济利益出发，调水可能会引起可计量的或不可计量的损失。水资源所有权属于国家，但其自然使用者也拥有使用权。因此，从理论上讲，水资源租金的一部分应偿付给自然使用者。可见，不论是成本补偿还是资源租金分享，水源区的利益都应得到保障。建立水资源重新配置的利益调节或补偿机制，有利于实现农业的可持续发展。

3. 建立水资源配置和利用的国家宏观调控机制

水资源，特别是大江大河的水资源是典型的公共资源。单纯的市场机制可能会造成水资源配置的失灵。例如，黄河上中游由于缺乏统筹规划，一些地方从自身需要出发，大量修渠引水。上游一些地方引用黄河水后，采用大水漫灌、串灌方式，造成水资源的大量浪费。上游盲目引水，使得下游水量急剧减少，黄河在山东境内一度出现断流。后来经过国家对黄河水的统一调度，情况才有所缓解。很显然，在市场经济条件下要合理地配置水资源，国家还必须进行适度的宏观调控，如规定各地区的用水配额，根据用水量收取一定的费用，以促使用水单位节约用水和水资源的均衡利用。水资源又不同于其他商品，其市场配置受到空间位移的限制。包括调水工程在内的水利建设都具有公共产品或准公共产品的特性。从客观上讲，供求的市场力量常常不足以跨越空间障碍完成市场交割，特别是大型的引水工程，投资量大，涉及区域多，令单个供给者和需求者望而生畏。只有政府和公共财力才有可能满足工程建设的要求。因而即使是在市场经济条件下的资源配置，也需要政府的宏观调控。

4. 建立水资源配置和利用的技术创新和推广机制

水资源的有限性或稀缺性，使得农业可持续发展必须走节水农业的道路。而要发展节水农业，除了经济、行政和法律的措施以外，还必须有节水的技术措施。节水农业技术创新和推广的动力来自两个方面：一个来自市场，另一个来自政府的行政推动。如果农业节水技术能够形成有形的商品，则市场力量会推动这类技术的进步。这类技术进步多触角、多方位、反应快、周期短、效益好，如喷灌、滴灌和微灌设备等。如果农业节水技术不能够形成有形的商品，农业节水技术就难以商品化，则推动这类技术进步的力量将主要来自政府。这类技术进步是非市场经济的产物，往往反应慢、时间滞后、周期长，科研投资不能直接收回，但社会效益或生态效益较大，许多农业节水技术具有这类性质。因此，农业节水技术进步离不开市场和政府的共同推进，特别是离不开政府的推进。

土地是农业最基本的生产资料，农业发展的关键是使土地得到充分合理的利用。为此，不仅要认识土地的自然特性，而且更要深刻领会土地的经济特性。中国是一个人均土地资源非常稀缺的国家，不断增长的农产品需求决定了必须走农业集约经营的道路，但由于土地报酬递减规律的作用，必须实行土地适度规模经营。合理的土地制度和土地产权安排有助于土地的合理利用，中国实行土地公有制，农村中主要是在土地集体所有的前提下，实行家庭承包制。保护农村土地承包经营权，并在平等、自愿、有偿的原则下推进土地承包经营权的流转，是实现土地适度规模经营的要求。

水是农业的命脉，也是中国农业非常稀缺的生产要素。水的自然经济特性使得农业中水资源的合理利用更为复杂，为此不仅要建立市场机制，还要建立利益补偿或调节机制、国家宏观调控机制、技术创新和推广机制等。

第二节 农业劳动力资源

一、农业劳动力的概念

劳动力有狭义和广义之分。狭义的劳动力是指人的劳动能力，是人的体力与智力的总和。广义的劳动力是指具有劳动能力的人口或劳动资源，是一定区域内具有劳动能力的人的数量和质量。

农业劳动力一般是指能参加农业劳动的劳动力的数量和质量。农业劳动力的数量是指农村中符合劳动年龄并有劳动能力的人的数量和不到劳动年龄或已超过劳动年龄但实际参加农业劳动的人的数量。农业劳动力的质量是指农业劳动力的体力强弱、技术熟练程度和科学文化水平的高低。农业劳动力的数量和质量因受自然、社会、经济、文化教育等各种因素的影响而处于不断变化之中。

二、农业劳动力的特殊性

劳动力只有投入使用,才能发挥作用。农业劳动力主要是投入农业生产,由于农业生产有不同于其他生产部门的特殊性,因而便产生了农业劳动力的使用——农业劳动的特殊性。

(1)农业劳动在时间上具有强烈的季节性。由于农业生产的根本特点是自然再生产与经济再生产相互交织,人们的劳动必须遵循生物的生长发育规律。在生物的不同生长发育阶段,对人类劳动的需要量不同,人们要按照生产对象本身自然生长规律的要求,在不同阶段及时投入劳动,否则就会贻误农时,影响生产。这就造成了不同季节农业劳动的项目、劳动量、劳动的紧张程度的巨大差异,产生了农业劳动季节性的特点。

(2)农业劳动在空间上具有较大的分散性和地域性。农业生产深受自然条件的制约,不同地域由于自然条件不同,往往只能经营适合当地自然条件的生产项目。由于适宜条件的这种地域差异以及空间上的位置固定性,使得农业劳动不得不在广大空间上分散进行,呈现出较大的分散性和地域性。

(3)农业劳动内容的多样性。农业劳动不像工业生产那样分工细致,不可能由一个劳动者常年固定在同一农活上进行同一种劳动。农业发展应走专业化生产与多种经营相结合的道路。农业生产包括众多生产部门和项目,即使同一生产项目,在整个生产周期中的不同阶段,也需要采用不同的技术措施和作业方式,使农业劳动具有多样性。

(4)农业劳动成果的最后决定性及不稳定性。农业生产的周期比较长,每个生产周期由许多间断的劳动过程组成。各个劳动过程一般不直接形成最终产品,而要等整个生产周期结束以后,农业劳动的最终成果才能体现出来。但各个农业劳动过程却相互关联,上一个劳动过程的质量对下一个劳动过程的质量或效果都有很大的影响,以至于影响最终的生产成果,甚至给下一个生产周期带来影响。而且,农业生产对外界自然条件的依赖性很强,从而使农业劳动的最终成果或效益具有不稳定性。

农业劳动的特点将随着农业科学技术的进步,以及农业生产社会化程度的不断提高而发生变化。充分合理地利用农业劳动力资源,必须适应农业劳动的特点,以利于确定正确的途径,采取相应的措施,不断提高农业劳动力利用率和农业劳动生产率,发展农业生产。

三、我国农业劳动力价值的特征分析

马克思认为劳动力的价值等于维持劳动力所需的最低生活标准的生活资料的价值,那么农业劳动力的价值应该等于维持农业劳动力所需的最低生活标准的生活资料的价值。但这一切都是在生产领域发生的。

中国农业劳动力的价值问题具有发生在"流通领域"的特殊性,表现为农业劳动力的价值偏低和工业劳动力的价值偏高。这一现象的成因可以追溯到新中国成立后优先发展重工业的战略上。为了快速实现工业化,我国实行了农业支援工业或者说以牺牲农业为代价的工业化道路,主要就是利用"剪刀差"的形式从流通领域无偿获取农产品的价值。表面上是压低农产品和提高工业产品的价格,本质是工业劳动力无偿占有农业劳动力创造的价值。因为农产品的价格是其价值的反映,农产品的价值又是由农业劳动力创造的,农业劳动力的价值在量上应该等于农业劳动力创造的农产品的价值。

四、农业劳动力的价值问题对"三农"问题的影响

农业劳动力的价值问题对农业、农村、农民影响深远而漫长,使得农民增收、农业现代化等成为中国社会首要而具有持续性的难题。

(一)农业劳动力价值的问题是农民的收入增长困难的重要原因

在这种价值分配方式下,农业劳动力的总价值被人为地压低,工业劳动力的总价值被提高,从而造成一种等价交换掩盖下的工业劳动力无偿地"占有"农业劳动力创造的价值的现状。据有关资料分析,新中国成立以后的五六十年代,工农业产品价格剪刀差绝对值每年都在一二百亿之间,到20世纪70年代后期每年为400亿左右,1985年工农业产品剪刀差绝对值超过700亿,此后每年以100亿~200亿的数额增加。可见这种农民无法实际把握的隐形负担是现阶段农民增收的巨大障碍。但我认为,这仅仅是可以用数据表示的影响,其实给农民增收带来的间接影响同样巨大。主要表现在进城务工农民由于受小农经济生产方式的影响,他们对工资性收入的要求是以农业生产所带来的收入为参考标准的,而这一参考标准又恰恰是被现阶段的力量所制约的劳动力价值的表现。而且,农业劳动力中的大量剩余,导致了农民增收缓慢和质量难以有效提高。

(二)农业劳动力价值问题是农业现代化的重要制约因素

农业资金积累不足,制约了农业的现代化。农业现代化应依靠农业的科技化和经营管理的科学化。在目前农业技术装备水平和农业劳动力的素质双重低下的情况下,资本投入是实现农业现代化的保证。在正常情况下,农业现代化的资金积累来源于农业内部和外部。

就农业的外部来讲，一方面，虽然我国进入了工业反哺农业的阶段，但处在工业支援农业的初级阶段，而且我国工业正处于产业结构优化升级阶段，没有过多的资金可以投入农业。另一方面，从农业剩余劳动力的角度，即使国家对农业进行大规模的投资，也不能把过多的资金直接投入到农业技术上。资本有机构成理论，资本积累增加，资本的有机构成提高，可变资本在资本有机构成中所占的比例相对减少，对劳动力的需求相对降低，这就必然导致一部分人失业，成为过剩人口。在农业当中，如果直接增加对农业技术的投资，必然造成农业资本有机构成的提高，从而会产生过剩的农业劳动力。当国家解决农业剩余劳动力的速度小于资本有机构成提高所产生的剩余农业劳动力的速度时，会产生更多剩余劳动力。当二者相等时还是会有一部分剩余劳动力得不到解决，因为资本有机构成的提高造成的新的剩余劳动力，必然会产生一部分新的剩余劳动力。只有国家解决剩余劳动力的力度大于资本有机构成所产生的农业剩余劳动力时，才能逐渐解决农业的剩余劳动力问题。

三、解决农业劳动力问题的路径选择

（一）提高农产品价格，实行农产品保护机制

建立城乡统一的市场，促进产品和要素在城乡间、地区间自由流动和公平竞争。第一，这就要尽快打破造成农业劳动力价值问题的工农剪刀差，使工农产品在流通领域自由流动，真正实现其价值。第二，实行农产品价格保护机制。农业自身的弱质特性，决定了它在市场竞争中处于劣势地位，如果完全靠市场机制来配置资源，对农业十分不利。农产品的较低需求价格弹性的存在，决定了农产品的市场保护的必要性。

（二）积极推进农业产业化经营，发展高效、优质农业，提高农产品的价值

我国劳动力的价值问题，一方面是由于流通领域的不公平的劳动力价值的分配；另一方面是由于生产领域的农产品结构单一和附加值过低等原因造成的。因此，从生产领域着手解决劳动力的价值问题是必由之路。第一，积极推进农业产业化经营，提高农产品的附加值。农产品的价值生产链过短是造成农业劳动力价值偏低的重要原因，使得高价值的生产被工业所主导，农业只是以初级产品或简单农产品加工为主，造成了农产品的价值被从事农产品深加工的行业所占有。既能通过深加工提高农业劳动力创造的价值，又能在流通领域为实现农产品的价值找到出路。第二，调整农业产业结构，协调农产品的市场供求。可以通过农产品的产业结构调整，以市场为导向，使各种农产品的供求大体平衡，保持农产品的价格稳定。第三，积极发展生态农业，提高农产品的价值。随着城乡社会经济的发展，绿色消费日益引起了人们的注意。生态农业的发展在给农村带来生态效益的同时，大幅度提高了农产品的价值。这无疑是提高农产品价值和解决农业劳

动力价值问题的一种新思路。

（三）提高工业劳动生产率，降低工业资料的价值，相应增加农产品的优势

目前，我国工业的现状是高消耗、低水平，不但制约了工业自身的发展，对农业劳动力价值的影响亦很深远。工业企业的劳动生产率低下，势必会造成工业产品的价值过高，那么在工农产品的交换过程中，势必会通过提高工业产品的价格把成本转嫁到农业身上，使农产品在交换过程中处于弱势地位，直接影响农业劳动力创造的价值的实现。从生活资料的角度看，通过提高工业生产率，降低工业产品的价值，可以相对改变农产品在交换中的劣势。从生产资料的角度看，一方面，降低了工业生产资料自身的价值，可以降低工业品自身的生产成本；另一方面，农业的生产成本也得到了降低，这对于提高农产品的价值和农业的现代化具有重要意义。

（四）提高农业劳动力的价值，解决农业劳动力的价值问题

对农业劳动力本身进行投资是解决农业劳动力价值问题的最直接方法。首先，对农业劳动力进行针对性培训，提高获取特定社会资源的能力。我们提到的社会资源，通常意义上讲都是对特定社会资源的抽象概括。现实社会中的社会资源具有具体性，这就要求社会资源的获得人必须是具有特定能力的人。从目前我国的农业劳动力的素质看，他们大多是拥有最基本的生存能力的劳动者，因此对特定的社会资源的获取必然受其能力的限制，这也是农业劳动力的价值问题迟迟不能解决的重要原因。其次，打破户籍制度，促进农业劳动力的自由流动。社会资源除了具有具体性的特点之外，也具有分布的非均衡性。劳动力自身素质的提高，制度性问题是制约农业劳动力获取社会资源，提高农业劳动力价值的一个重要原因。我国城乡有别的二元社会结构，是以户籍制度为依托的，在户籍制度的影响下，特定的社会资源只能特定的群体占有，这对拥有一定能力的农业劳动力或者社会资源起到了一定的阻却性。打破户籍制度，促进农业劳动力的自由流动，对解决农业劳动力的价值问题具有重要影响。

第三节　农业技术进步

一、农业技术进步的概念与内涵

农业技术进步是指在农业经济发展的过程中，不断以生产效率相对较高的先进农业技

术代替生产效率相对较低的落后农业技术,以促进农业生产力发展的过程。从经济学上看,农业技术进步可以使一定数量的投入生产出更多的农产品,或用较少的投入生产出同样多的农业产出,或改进现有农产品的质量,或生产出全新的农产品。

农业技术进步有狭义和广义之分。狭义的农业技术进步仅仅包括农业生产技术进步,即自然科学技术和工程技术的进步,考虑的主要是物化形态的技术,因而又被称作硬技术进步。按技术进步的程度不同,可以分为技术进化和技术革命两类。当技术进步表现为技术或技术体系在原有技术原理或技术体系组织原则范围内的发展创新时,这种技术被称为技术进化。如新品种的育成和应用,配合肥料和配合饲料的研制和推广,施肥方法的改进,喷灌、滴灌等灌溉方式的发明。当技术进步表现为技术或技术体系发生质的变革时,就称其为技术革命,如拖拉机的出现和化学肥料的应用。其结果往往使原来的农业生产方式和经济结构发生巨大的变革,劳动生产率获得极大提高。

广义的农业技术进步既包括生产技术进步,即自然科学技术等硬技术的进步,也包括经济管理进步,即社会科学技术等软技术的进步,一切导致生产效率提高的因素都构成了技术进步。软技术进步可以细分为以下八个方面:采用新的方针政策、推行新的经济体制、采用新的组织与管理方法、改革政治体制、改善或采用新的决策方法、采用能长期调动人的积极性的分配体制与政策、改善生产资源的合理配置、用新的理论与方法调动人们参与经济建设的积极性。从经济学角度看,广义的技术进步通常是指产出增长中扣除劳动力和资金投入增长的贡献份额后,所有其他生产要素的贡献份额之和。

二、农业技术进步的分类

农业科技进步根据不同标准可以分为不同类型:根据内涵可以分为广义的技术进步和狭义的技术进步;根据科技进步的动力源泉可以分为内生性技术进步和外生性技术进步;根据科技对农业投入要素边际生产率的影响可以分为劳动节约型、资源节约型和中性科技进步;根据科技贡献的不同方式可以分为机械型和生物型的技术进步;按照生产部门可以划分为种植业、林业、畜牧业、渔业等的科技进步。

三、农业技术进步的特点

(1)渐进性。大量的农业技术进步是以渐进形式出现的,即在技术原理基本不变的情况下,通过无数大小不等的改进使技术本身不断完善带来经济效益提高的技术进步。这种微小技术变化积累的效果,往往比重大的技术变化所产生的作用还要大。这要求人们在推进农业技术进步中,不仅要重视重大技术的进步,更要重视渐进性的技术进步。

（2）系统性。农业技术进步与整个科技、经济、社会、生态的协调发展，农村经济运行机制、多种技术的综合配套，以及其他相关投入因素的支撑有着紧密的联系。某一项科技的进步，可以向其他领域推广转移和渗透扩散，促进其他产业技术的发展，逐步形成新的农业技术体系，推动产业结构出现更加协调和全新的局面。因此，任何一项农业技术进步，都不可能单独存在，必须与其他一系列技术及相关因素相互依存，结成一个有机联系的整体系统，共同发挥作用。

（3）外生性。农业技术进步的压力和动力主要是外生的。如工业及城镇的不断崛起，就要求农业提供更多的优质农产品和原材料；农业体系以外的大经济系统和整个社会科学技术的发展，给予农业的支援和刺激越来越大，其结果就会不断促进农业的技术进步。

（4）复杂性。农业技术的复杂性表现为：①由于经济、社会、科技和生态与环境的协调发展程度难以控制调节，不可能持续地保持农业技术进步的最佳环境。因此，只能在特定的经济社会生态系统内，实现科技进步由低级到高级的转化。②农业技术进步内容的复杂性。只有各种科技进步的内容有效地组合，才能形成较大的社会生产力。③农业技术结构的复杂性。只有发挥农业技术的综合效应，才能推动农业技术进步。④各类农业技术成果的推广应用，必须有与之相适应的自然条件和社会经济条件。因此，必须坚持农业技术应用的生产可行性、先进实用性和经济合理性的标准，注重农业技术的连锁效应，因地制宜地选择农业技术进步体系。

（5）周期性。农业技术进步的周期性包括两个方面：一是指一种技术体系从生成到应用，再到新技术出现而使其淘汰的时间过程；二是指科学技术转化为生产力并产生经济效益的过程。

当代社会，由于市场竞争能力的提高，人们增强了开发、创新的意识，从而加速了科学技术转化为现实生产力的过程。科学技术的迅猛发展，必然促使农业技术更新速度加快，这样便推动了农业技术进步。而农业技术进步又促进农业经济发展速度加快，且周而复始地形成周期。农业经济发展的大量事实证明，当代科技转化为生产力的周期不仅越来越短，而且淘汰的时间也越来越短，即农业技术进步的周期显著缩短。

四、农业技术进步的具体内容

农业技术进步概括起来主要包括以下四个相互联系的方面：

（1）农业生产技术的进步。包括良种选育技术的进步，农作物耕作栽培技术的进步，土壤改良技术的进步，化肥和平衡施肥技术的进步，动植物病虫害防治技术的进步，畜禽饲养、水产养殖、林果选育栽培的技术进步。

（2）农业生产条件的技术进步。包括农业生产工具的进步、农业能源的进步和农业基础设施的进步。

（3）农业管理理论和方法的进步。包括运用现代化的管理手段和管理方法，特别是运用电子计算机等现代信息技术来代替传统的管理手段等。

（4）农业生产劳动者与管理者的技术进步。包括农业生产劳动者与管理者科学技术知识的丰富、劳动技能的提高和管理技能的进步等。

农业技术的发展经历了由传统农业技术的形成，到逐步向现代农业技术转化的漫长历史过程，现代农业技术的发展日新月异，因而农业技术进步的内容也会随之不断丰富。

五、农业技术进步对农业发展的重要作用

（1）提供先进的农业技术装备，不断提高劳动生产率。农业技术进步，可不断为农业提供大量先进的各类农具、农业机械、运输工具、生产性建筑设施等，从而改善和提高现有农业生产技术装备水平，提高劳动生产率，实现规模经济，降低成本，提高投入、产出比率。

（2）提高土地生产率和农产品质量。农业技术进步，一是可以为农业不断开发和提供高质量的生产资料，如化肥、农药、除草剂、地膜等，提高生产效率；二是可以为农业培育和提供动植物新品种，提高投入、产出比率；三是可以为农业提供先进适用的耕作技术、栽培技术、病虫害防治技术、灌溉技术、施肥技术、生物技术、农产品储运加工技术等，改善和提高各种农艺技术水平。这类农业技术的进步可以大大提高土地生产率或投入、产出比率，改善和提高农产品的质量。

（3）充分合理地利用资源，提高农业经济效益。农业技术进步可以扩大农业资源的利用范围，提高农业资源的质量和单位资源的利用效率，使有限的农业资源发挥更大的经济效用；农业技术进步还可以促进生物因素与环境因素的统一和协调，按照因地制宜的原则优化农业资源的配置，以充分发挥农业生产的地域优势，从而提高农业的经济效益。

（4）改善和提高宏观经济管理与微观经营管理水平。广义的农业技术进步包括国家的宏观经济管理与企业和农户的微观经营管理。国家通过有效的宏观调控，可以更好地弥补市场机制出现的失灵，并促进农业市场机制充分发挥作用；企业和农户通过掌握现代经营管理知识，提高农业生产单位的经营管理水平，可以取得更好的经济效益。

（5）改变农民的生产方式和生活方式，促进农村的全面发展。农业技术进步可以使农民的劳动条件不断改善，劳动强度不断降低，收入水平不断提高，从而调动农民推进技术进步的积极性，使农民努力学习与掌握科学文化知识和劳动技能。先进的农业技术一旦

被农民掌握运用，必将引起农民思想行为的一系列变化，改变传统的价值观念、生产方式和生活习惯，这些变化最终会给农业以至于整个农村带来全面发展。

第四节　农业中的资金

一、农业资金的含义与分类

（一）农业资金的含义

农业资金的含义有广义和狭义之分。广义的农业资金是指国家、农户或社会其他部门投入农业领域的各种货币资金、实物资本和无形资产，以及在农业生产经营过程中形成的各种流动资产、固定资产和其他资产的总和。广义的农业资金实际上也就是用于农业生产经营的各种财物和资源的总和，并且总是以一定的货币、财产或其他权利的形式存在。在既定的农业资金条件下，农业生产经营者可以根据技术条件和各种资金要素的相对价格，以成本最小或利润最大化为目标，选择最优的生产要素和产品组合进行生产。在所有的资金形式中，最为重要的是货币资金。在市场经济中，货币资金高流动性的特点可以使其很容易转化为任何其他形式的资金，因此，货币资金成为农业资金研究的重点。这也就引出了狭义的农业资金，即农业资金是指社会各投资主体投入农业的各种货币资金。广义的农业资金实际上已经涉及农业管理的全过程，而目前制约农业发展最关键的资金问题是狭义农业资金的投入问题。

（二）农业资金的分类

（1）按农业资金存在的形态划分，可分为货币形态的资金和实物形态的资金。货币形态的资金主要指现金、存款等；实物形态的资金主要指农业生产中占用的各种生产资料、在产品和产成品等。

（2）按农业资金的所有权划分，可分为农业生产单位的自有资金和借入资金。自有资金指农业生产单位自身所有，不须归还别人的资金。它包括农业生产单位筹集的股本资金和自己积累的资金。国家无偿支援的资金也可以视同自有资金。借入资金指生产单位用各种方式取得的必须到期归还他人的资金，例如向信贷机构借入的贷款、向社会发行的债券、从民间借入的资金等。

（3）按农业资金在再生产过程中所处的阶段，可分为生产领域的资金和流通领域的资金。前者主要指各种生产资料和在产品所占用的资金，后者主要指各种产成品占用的资金和在流通领域中的现金、存款、应收款所占用的资金。

（4）按农业资金的价值转移方式，可分为固定资金和流动资金。固定资金的特点是整体多次参加农业生产过程，但每次只将整体价值的一部分（具体表现为采取折旧的方式）转移到新产品当中去，如房屋、设备、农机具、果树林木、役畜、种畜等劳动手段。流动资金是指参加一次农业生产过程之后就被消耗，其价值一次性转移到新产品中去，如种子、饲料、化肥、农药、各种原材料等劳动对象。

（5）按农业资金投入领域的产品性质，分为用于农业私人产品的资金和用于农业公共产品的资金。用于农业私人产品的资金是指农业投资主体投入具有排他性和竞争性的农产品生产的资金。由于私人产品投资的竞争性和排他性，在市场经济中完全可以由经营者个人来提供，并由经营者按照市场情况和自身条件进行最优配置。用于农业公共产品的资金是指农业投资主体投入具有非排他性和（或）非竞争性的农业基础设施、农业公共服务等领域的资金。由于公共产品的特点会造成其私人供给的低效率或无效率，因此，一般用于农业公共产品的资金应当由政府提供。

二、农业资金的运动规律与特点

（一）农业资金的运动规律

随着农业生产和再生产过程的不断进行，农业中的资金像工业生产中的资本一样，不断变换自身的形态，进行周而复始的循环周转运动。这种运动包括三个阶段：第一阶段，即在每一个生产过程开始之前，资金处于贮备阶段，其表现形态为各种生产资料和一定的现金和存款。第二阶段，即生产过程开始之后，资金即进入生产阶段，此时原处于贮备形态的资金即转化为在生产中起作用的固定资本和流动资本，并借助劳动将其价值向新产品转移，形成价值更大的在产品和产成品形态的资金。第三阶段，即在生产过程结束之后，资金进入流通阶段或销售阶段，此时资金主要表现为两种不同的形态：（1）由产品出售而变成的货币形态的资金；（2）再次转化成企业生产资料和生活资料实物形态的资金。这些都将形成下一个生产周期的储备阶段的资金。

农业中资金运动的快慢决定了农业生产中资金利用的经济效益的高低。一般来说，资金运动得越快，其经济效益就会越高；反之，经济效益就越低。因此，加速资金周转，即尽可能缩短资金周转所占用时间，就成为提高农业生产经济效益的主要途径。

（二）农业资金的运动特点

（1）农业中资金的周转期长，周转速度慢。由于农业生产受动植物生长发育的自然规律的限制，不能像在工业中那样，可以比较容易地按照人们的愿望来缩短生产周期，因而在一般情况下，农业中资金的周转速度要比工业中资金的周转速度慢得多。

（2）农业中资金的运动具有很强的季节性。由于农业生产一般都有很强的季节性，因而农业中资金的运动也具有很强的季节性，必须按季节贮备资金和投入生产，并且也只有到季节才能回收资金。农业资金在投放和回收的时间上很不平衡，而且投放与回收时间不一致。

（3）农业中资金利用的效益有很大的不稳定性。农业生产不仅受市场变化的影响，还受自然条件变化和年成丰歉的很大影响，因而农业资金利用的效益与工业中资金利用的效益相比，有较大的不稳定性和风险性。

（4）农业资金在循环周转过程中不完全通过流通过程。农产品既是农业生产过程的最终产品，又是重新加入再生产过程的生产资料，并且有生活资料和生产资料的双重用途。如饲料和部分种子等由农业企业自身提供，而无须购买。同时，一部分农产品可能留作农户自身消费，而不经过流通转化为货币。这与工业资金的周转有着显著差别。

（5）农业资金的低收益性和效益的外部性。随着经济的发展和产业结构的升级，农业贸易条件不断恶化，农业的比较效益逐渐下降。同时农业具有多功能性，对农业的投资不仅会产生经济效益，还会产生社会和生态效益。经济效益可以通过市场和价格机制转变为投资者所有，而社会和生态效益却具有外部性，对此市场和价格机制失灵。正的外部性会使整个社会的福利增加，负的外部性却要由社会来承担成本。

三、农业资金在农业经济发展中的作用与趋势

（一）农业资金对其他生产要素的替代作用

农业资金对其他农业生产要素具有一定的替代作用。农业投资中流动资金投入包括良种、化肥、农药、农膜等，可以提高土地生产率，进而提高农业产出，可以缓解土地等自然资源的稀缺性，进而可以对土地产生一定的替代作用。农业固定资金投资中机械、设备及运输工具等可以节约劳动时间，降低劳动强度，提高农业劳动生产率，可起到替代农业劳动力的作用。而农业科研、教育、技术推广投资则是农业流动资本、固定资本投资发挥作用的基本条件。

（二）农业资金在农业经济发展中的历史趋势

（1）在工业化的过程中农业资金基本处于强制外流态势。整个社会生产最初是由农业构成的，在农业发展的基础上，第二、第三产业才逐步发展起来。在经济发展过程中，一般来说，农业承担着为工业化提供资本原始积累的重任。虽然各国为让农业为工业化提供资本原始积累的形式或具体的政策手段有所不同，但都造成了农业经济利益的外流。这使得农业的自我积累能力严重不足，农业资金长期处于短缺状态。

（2）在工业化基本完成以后，农业完成了资本原始积累的重任，农业虽然自我积累能力提高，但农业的资金供给仍然不足，农业的发展需要财政资金的注入。当社会经济发展进入工业化的较高级阶段以后，不仅非农产业具有了自我发展和积累的能力，而且农业的比较优势不断下降，资金逐利的需要使得一部分农业资金通过自我投资和金融等渠道转移到非农产业当中去。在整个社会对农产品需求不断增加的情况下，土地和水等农业自然资源却在逐步减少和恶化，这迫使农业必须走集约化发展的道路，农业资本有机构成不断提高是一个历史性的趋势。相对于现代农业可持续发展的要求来说，农业的资金供给不足。解决这一问题的关键是需要国家动用一定的政策手段使一部分工业剩余价值转移到农业当中去。

四、中国农业资金与农业发展

在土地、水资源等自然资源受到限制，并且农村人力资源过剩、人力资本程度较低，农业市场化水平低下等因素的制约下，要发展农业必须加大对农业的资金投资力度。而农业发展中投资主体的多元化趋势日益增强，各投资主体在农业资金投入的投资动机、投资方式、投资优势、投资局限性各不相同，对农业发展起着不同的作用。现试图从四个方面对该问题进行论述。

（一）农业资金投资与农业生产关系研究

国内经济学界大多数肯定了农业资金对农业生产具有促进作用。其研究主要按宏观和微观两方面展开。宏观方面即农业资金投资总量和农业发展关系研究，从农村金融资金、政府资金或者金融支持农业发展角度研究。郑洪涛等通过对20世纪80年代以来我国农业投资的总量和结构进行分析得出，农业投资不仅总量而且结构的变动也受政策因素的影响，且影响较大，要稳定农业投资的总量，改善其结构，首先要保持农业政策的稳定，其次有必要进行逆向投资，熨平经济波动对农业投资及农业产出的影响。李英民在深入调查的基础上，以山东聊城农村地区的农业信贷投入为研究对象，对当前农村资金供求状况进行了判断分析，对金融支农的效果、效率进行了客观的评价并得出，在当前农业信贷依托政策支撑获得大幅度增长的同时，依然存在供求结构性矛盾和资金使用效率低的问题，需要从短期和长期两个角度解决。孟春霞以全国农业大县——黑龙江省海伦市20年农业资金投入产出进行分析得出，农业资金投入主体逐步缺位是农业大县面临的根本问题；货币政策和财政政策资金投入的基础性作用应得到加强；农村金融机构的农户信贷关系优化在既定体制条件下必须解决。王丹等依据1991年—2005年安徽省农村金融与农业经济增长间的互动关系，实证分析结果表明，二者之间存在长期均衡关系，在因果关系上，农村金融发展导致农业经济增长变动，其在经验上颠覆了经济决定金融的基本认识，而相应支持了金融支持经济增长的观点。黄光伟从需求视觉出发认为，农村金融问题已经不是简单的农民金融问题和乡村金融问题，其实质主要是农业金融问题。而农业生产从来都是面临低预期收益与高风险，这也是农业金融的需求者与供给者共同面临的约束条件，在这个条件的约束下，农村金融需求者的理性选择即是减少金融需求，农村金融供给者的理性选择即是减少金融供给，其结果必然是一个低水平的需求与供给均衡。因此，打破低水平金融需求与供给均衡的关键是降低农业生产所面临的风险，提高预期收益。熊德平从农村金融角度分析了与农业生产和农村经济发展的关系，认为必须协调发展农村金融促进农业生产和农村经济发展。

微观方面即单一或者多元农业资金和农业发展关系，现从两方面展开研究：一是单一农业资金与农业生产关系研究。周小斌等通过对中国农业信贷对农业产出的绩效分析认为在农业信贷资源稀缺的情况下，必须追求农业信贷对粮食产量的绩效。唐立新分析了我国农业利用外商直接投资的现状和农业利用外商直接投资规模较小的限制性因素，提出加大基础设施和科研投入、加强农业领域的立法并加强对外商农业投资领域的引导和监督等措施建议。刘涵明利用多元协整方程对1980年—2006年我国财政支农支出总量及构成与农业产出的关系进行了实证分析，研究发现，财政支农支出确实能够促进农业产出增长，但存在支出总量不足的问题；从财政支农支出的结构来看，各项支出对农业产出的作用差异显著，说明财政支农支出的结构有待进一步优化。石泓等利用1978年—2007年数据，针对黑龙江农业财政投入力度对农业经济发展的关系，分析了财政对农业经济发展的作用，为完成千亿斤粮食战略打下基础。斐辉儒应用统计描述和Pannel Data模型分析了我国31个省份1978年—2007年农业信贷和农业经济增长的关系，研究结果表明，我国农业信贷和农村经济增长存在明显的区域差异，总体上长期均衡不明显。

二是多元农业资金与农业发展的关系研究。林毅夫指出，中国的正规金融和财政支农资金虽然缺乏效率，但是总体上有利于农业经济发展。温涛等研究表明，中国财政支农资金的增加不仅没有促进农业经济增长，反而起到了一定的影响作用；农业信贷也没有成为促进农业经济增长的重要要素，得出了我国农业资金投入不足和资金配置低效率的双重瓶颈，对农业投资绝对不是简单的注入资金的过程。郑境辉等以福建省为例讨论了改革开放40年农业投资主体资金投入农业发展的关系，运用了协整检验、VAR模型、格兰杰因果检验、脉冲响应和方差分解等方法和模型，其变量外商和个人的农业投资对农业发展的促进作用比较显著；财政、农村集体和乡镇企业的农业投入以及金融机构的农业贷款对农业发展的带动作用不明显。

（二）各种农业资金的投入方式和投资结构研究

为了提高农业资金的使用效率，对各种农业资金投入方式和投资结构进行研究分析是很有必要的。王国敏等认为我国农业投资结构呈现严重扭曲态势，具体表现在投资总量、投资主体和资金投向等方面的扭曲。研究指出为从根本上解决农业投资结构的扭曲，就必须优化农业纵向投资结构，理顺农业各投资主体间的关系；调整农业横向投资结构，确保农业生产资金到位；构筑科学的农业投资结构运行机制。邱剑朗等研究了国家及地方政府财政投入、农业信贷、农村集体、农户以及外商对农业投资存在的问题和弊端，指出建立适合我国国情的农业投入新途径。但只是从理论上进行了分析，没有实证分析其对农业的贡献效率。许玉晓等通过对山东省泰安市农业信贷的现状分析和审视，研究发现农业信贷制度的僵化和不健全导致农业信贷不足和投入结构偏差，提出了机构改革、功能再造、制度创新和政府扶持等策略，以求农业信贷投入在数量、投向和效益等方面的显著改观。李祥云等考察了我国财政支出规模、结构及其存在的问题，分析表明，我国财政农业支出不仅相对规模偏小和结构不合理，绩效也有待提高。总体上，东中部地区综合效益要明显高于西部地区，建议加强资金使用过程中的监督，切实提高财政农业支出综合效率。吴凤娇等从绝对和相对视角剖析了台商对大陆农业直接投资的区位分异现状，并运用主成分分析法对其成因进行了实证研究。研究显示，区域农业发展水平、现有的投资规模政策与地缘因素、市场容量和基础设施是大陆台商农业投资产生区位分异的重要因素，资源禀赋对台商农业投资的区位选择也有一定的影响。各省份吸引台商农业投资的综合指数总体上与绝对区位模式相吻合，但在吸引台商农业投资的潜力上存在差异。农业资金的投入与农业生产之间的关系虽进行了大量研究，但是没有对其效率进行实证研究。

（三）各种农业资金投资效率研究

研究和探讨农业资金与农业生产的关系和农业资金的投入方法、投资结构，主要目的是为了提高农业资金的利用效率,增强农业资金对农业生产的促进作用。对各种农业资金的效率进行评价和衡量,找出农业资金投入和使用过程中存在的困境及成因,然后提出解决对策。崔元锋等借助数据包络分析(DEA)模型,对1995年—2004年财政农业支出资金绩效分别做了DEA检验,结果证实我国财政农业支出资金整体效率不高,并存在逐年下降的趋势,认为财政农业支出资金结构偏差是其整体绩效低水平运行的最主要原因。谭晶晶等利用数据包络法分析了中国财政支农资金的使用效率,得出农业基本建设支出效率最低,其次是财政、农业、科研三项费用,再次是支援农村生产支出和农村水利气象等部门的事业费。赵霞等从效率和公平两方面评估了1998年—2006年我国公共财政支出的绩效,结果表明我国公共财政支出额度与农民增收倒挂,各项公共财政支出绩效在低水平层次上运行。李韬等从村委会支持视角出发,采用统计分析和LOGISTIC计量模型从农户对村委会支持其利用信贷资金的评价程度、农户的信贷规模、信贷资金不同用途的农户按期还贷的情况三方面对陕西省夏家沟村90户农户的问卷调查资料进行实证分析,分析结果表明,村委会是影响农户信贷资金利用效率的重要因素,但是,这种影响性是建立在农户与村委会有着一致的共同利益基础上的。李正彪等从农户经济行为出发分析得出财政对农业投入的效果与目标之间的偏差,表明财政农业投资绩效欠佳,原因主要在于财政对农业投入力度、结构、机制与市场经济条件下农民理性经济行为不协调。提高财政对农业的投资与农民理性经济行为的兼容性可以促使农民理性经济行为与政府支农目标趋同,提高财政支农绩效。

辛兵海等运用31个地区的数据,通过回归面板模型对我国财政支农资金的绩效进行了实证分析,结果说明,土地对于农业产值增长的贡献率不显著;劳动力的投入和农业产值的变化在2000年—2004年呈现负相关;而农户资本投入的贡献率要远远大于财政支农资金的贡献率。同时指出,基础设施和科技投入对于农业产值的贡献巨大,而财政资金投入却忽视了这两方面的投入,这是影响我国财政支农绩效问题的主要原因。何平均基于公共财政的视角,分析得出农业基本建设投资中,用于全社会普遍受益的大型水利基础设施建设和林业生态建设的支出比重较大,而用于农民可以直接受益的中小型基础设施特别是现代新型农业基础设施建设的比重较小;农业基础设施财政投资总量增加,但力度弱化,规模效率欠佳;农业基础设施财政投融资方式单一,乘数效应不明显;农业基础设施财政投资决策和管理机制不完善,资金使用效率低下,并提出了相应的对策和建议。汪厚安等利用数据包络分析方法,对13个粮食主产区2004年—2007年农业财政资金的使用效率进行了实证分析,从较低的投入水平、较大的地区投入差距、不完善的项目结构和管理体系方面分析了农业综合开发财政支农资金使用效率低的问题所在。许楠建立财政农业支出绩效评价输入输出指标体系，采用数据包络分析（DEA）方法，以河北省1995年—2007年相关数据为样本，对财政农业支出效率进行了评价，并从提高财政农业基本建设支出比重、提高财政农业科技三项费用比重、完善监督机制确保专款专用三方面提出优化对策。

（四）构建农业投融资体系研究

国内学者为了提高农业主体投资资金的投入总量和可得性，提出了构建农业投融资体系的思路。乔海曙将农业投资根据国情分为公益性投资、基础性投资与竞争性投资，分别由政府、政府与企业及农户、社会投资者与企业及农户承担。加速农业经济发展，必须创新农业投资体制，强化农业投资管理。该研究只是考虑了几种农业资金的投入，进而对建立农业投入机制进行构想，有些片面。李建等分析了农业投资的现状，即国家财政、金融机构的信贷、集体和个人经济的投资、外商投资状况，在不断加大农业投资力度的同时，还必须制定扶持、鼓励和保障农业投资的政策法规，建立和完善农业投资的保障机制。李文昌认为多元的农业投入主体中，财政和农户对农业的投入在逐渐减弱，金融的支持力度在不断增强。为此，我国必须建立完善的金融支持体系，构建农业投入稳定增长的长效机制。惠恩才认为我国农业投融资严重不足，要根本解决此问题应该有较好的投融资硬件环境、软件环境及健全的投融资制度和良好的效益，建立一个市场配置与政府引导相结合，以财政资金为导向，"三资"（个人、企业和外资）为重点，信贷资金为补充，农户和储蓄投入为主体的新的多元化的农业投融资体系。杜彦坤等在理论分析和实证分析的基础上，分析了农业可持续发展融资约束的成因，借鉴国际融资经验，提出了构建农业可持续发展融资机制建议，并且将融资机制细分为农业可持续发展财政投入机制、资金"回流"机制、农业可持续发展利益提升机制、融资的风险补偿机制和融资的激励约束机制。贾万军等指出单纯依靠财政直接补贴不能促进农业发展，实施农业政策性金融行为是政府支持和保护农业的最佳选择。虽然都从理论或者统计描述进行了分析，但是缺乏有力的实证分析。

（五）农业资金最新研究领域及突破点

国内学者对农业资金与农业生产之间的关系大都持支持态度，但在农业资金支持农业生产中存在的问题也是不可否认的。农业资金的投入受到各投资主体动机、投资方式、投资优势、投资局限性的约束，对农业生产也产生不同的作用，产生区域和时滞性的差异。随着国家经济条件变化和粮食生产提上议程，国内学者对农业资金的研究除以上研究以外，部分专家将研究视角投向了粮食生产领域。农业技术的创新活动，粮食作物种子的改良，农业生产基础设施的改善，粮食的产业化经营都离不开金融的支持，所以粮食生产也需要农业资金的支持，但是粮食生产中存在严重的金融排斥问题，加上战略粮食安全和常规粮食安全的划分，粮食生产的重要地位和作用更加突显出来。

最早，张元红研究表明，中国财政支农支出波动与农业特别是粮食生产波动明显同步。随后，李敏等通过对武汉农业投资不足问题的分析，为提高粮食的生产能力，提出了加大各级财政对农业投入、增加农业信贷投入和建立农业风险分担机制的政策建议。彭克强研究了农业基本建设投入与粮食产量之间的关系，研究结果表明，农业基本建设投入对粮食产量具有显著的滞后性正效应，并且政府的农业基本建投资政策对农作物受灾面积波动不够敏感，存在以粮食为导向的短期化倾向。汪来喜从金融对河南农业发展、粮食生产的支持较弱，存在金融排斥现象入手，区分了财政政策、国家开发银行支持以及村镇银行发展对粮食生产的支持作用。该研究虽然分析了三种资金的投入情况，但是没有衡量其支持力度。彭克强等应用新中国成立以来的相关数据，对财政支农投入与粮食生产能力之间进行了协整分析和格兰杰因果检验，结果表明财政支农投入有助于推动粮食生产的发展，并提出了构建和健全支农投入、稳定经济增长的长效机制以及优化财政支农投入结构的相关政策建议。刘莉芳对河南粮食区农村金融体系存在的问题进行了分析，提出了构建竞争性、多层次新型农村金融体系，以加大农业基础建设投入和供给，保证粮食核心区粮食生产。汪厚安等结合现阶段粮食主产区惠农政策的实施，构建农户农业投资行为实证模型，考察了惠农新政对农户农业投资的影响。

农业资金与农业生产关系、农业资金的投入方式和投资结构、农业资金投资效率研究和构建农业投融资体系的研究较多且较为成熟。研究认为以后研究的创新点将会集中在以下几方面：一是农业资金与粮食生产能力研究将成为热点问题。粮食安全成为一国发展的重中之重。国内学者将继续探讨农业资金和粮食生产之间的关系问题。二是农业资金投资主体的协同性研究将成为研究的突破口。通过以上分析，可以看出目前各学者的研究对各主体的效率分析较为普遍，但是对于各农业投资主体投资协同性没有进行研究。三是构建协同的支持农业生产的金融体系将是研究的进一步延伸。目前构建支农资金体系都是从现状分析出发，进行理论的探讨，而实证分析较少。以后可通过实证分析农业资金在协同条件下的贡献效率，构建多层次有效的资金支农体系。四是构建专门农业资金提高粮食生产能力的金融支持体系将是研究的创新点，进而提高农业资金投入的效率，强化国家支农政策的效果，促进粮食生产能力的提高，增加粮食产量，保障国家粮食安全。

第三章 大数据时代与农业经济发展的关系思辨

21世纪以来,随着计算机技术,尤其是互联网和移动技术的发展,数据规模呈爆炸性增长,因此"大数据"概念应运而生。大数据是继云计算、物联网之后信息技术产业领域的又一重大技术革新,它使人们的生活发生了新的变化。本章主要研究大数据与农业经济发展的关系。

第一节 大数据的产生及其影响

一、大数据的发展历程

2005年Hadoop项目诞生。Hadoop是由多个软件产品组成的一个生态系统,这些软件产品共同实现全面功能和灵活的大数据分析。

2008年9月,Nature推出BigData专刊,并邀请一些研究人员和企业家预测大数据所带来的革新。同年,计算社区联盟发表了报告"Big data computing: creating revolutionary breakthroughs in commerce, science, andsociety",阐述了在数据驱动的研究背景下,解决大数据问题所需的技术以及大数据在商业、科研和社会领域所面临的一些挑战。

2011年2月,Science推出Dealing with Data专刊,该专刊围绕科学研究中大数据的问题展开了讨论。麦肯锡公司在同年5月发布了"Big Data: the Next Frontier for Innovation, Competition, and Productivity",对大数据的影响、关键技术和应用领域等进行了详细介绍。

2012年3月,美国政府在白宫网站发布了"Bigdata Research and Development Initiative",这一举动标志着大数据已经成为重要的时代特征。同年7月,联合国在纽约发布了关于大数据政务的白皮书Big Data for Development: Opportunities & Challenges,标志着全球大数据的研究和发展进入了前所未有的高潮阶段。

2014年,"大数据"一词首次写入我国《政府工作报告》,报告中指出,要设立新兴产业创业创新平台，在大数据等方面赶超先进，引领未来产业发展。

2017年12月，中共中央政治局第二次会议提出了"实施国家大数据战略 加快建设数字中国"的目标，这代表着我国对大数据的重视程度上升到了一个新的高度。

二、大数据未来发展的展望

互联网的发展时时刻刻改变着人们的生活，不断给人类生活注入新鲜血液。与此同时，因互联网产生的大量数据蕴含着巨大的潜在价值，如今，数据分析、数据挖掘等技术日益精良，且交叉学科十分受到重视，因此，与其他诸多学科一样在将来很长一段时间内大数据技术的发展方向都应当是与其他各学科的融合、交叉，会迸发出许多新的火花。近年来，云计算技术发展迅速，为大数据技术的发展提供了一定的数据处理平台和技术支持，为大数据提供了分布式的计算方法，可以更快速、更有效地处理数据。

在如今这个快节奏的时代，在某些大数据的应用场合，人们更需要及时对获取的信息进行处理并有选择性地舍弃。将来，实时性的数据处理方式将会更加被社会所需要，这将不断推动大数据技术的发展和进步。随着大数据应用的迅速发展，数据将成为最有价值的资产，同时也是最重要的战略资产，大数据在商业领域的作用非同小可，如今各大互联网企业十分重视用户数据，这其中包含的价值量惊人。随着社会的发展和进步，数据已然成为一种新型资产，如同货币一样具有价值。

未来社会，大数据将成为各个领域提升核心竞争力的重要武器。如今大数据不光应用于商业领域，还充分应用于教育领域以及政府领域，未来社会一定是更加智能化、更加便捷化、更加个性化的。

三、大数据对当代人类生活的影响

互联网的发展壮大，无形中加快了数据增加的速率，计算机的硬件技术发展迅速，处理大规模复杂数据的能力也在一步步提升，人们从海量信息中提取价值信息的能力也越来越强。大数据的产生有效改进了数据的性质，使其具备"再开发"能力，让人们在复杂的数据中能够快速、准确、高效地提取更多有价值的信息。大数据时代，不仅会推动人类自然科学技术以及人文社会科学的发展变革，还会给人们的生活和工作带来焕然一新的变化。

随着时间的推移，人们将越来越意识到数据对人类生活的重要性。如今数据公开化虽然给人们生活带来了不少便利，但同时也潜藏了许多安全隐患。如今市面上的App请求访问的权限过多，用户的数据隐私是否能得到保障，这是人们非常关注的问题。有不法商家对用户手机号进行二次销售，这就给用户的生活带来了不便甚至是潜在的威胁。诸如此类的信息泄露问题还有很多，因此，在数据公开化的当今时代，既要理性享受数据便捷化所带来的便利，又要谨慎小心信息安全问题。人们使用互联网的频率越来越高，范围越来越广，人们在网络上留下了许多数据足迹，而这些足迹一般具有关联性和累积性，这些数据可以从某些方面洞悉主人的生活，如若被不法分子分析利用，轻则经济损失、生活受扰，重则威胁人身安全。

（一）大数据的冲击力

大数据转瞬间成为热点，一时间，与数据有关的行业都鸡犬升天。越来越多精于数学计算、善于数据分析的毕业生成为谷歌、百度、新浪、Facebook、阿里巴巴和亚马逊等公司的香饽饽，他们或充当数据分析师，或变成数据顾问，分析搜索海量数据中蕴含的商机，探讨微博展现的舆情，归纳浏览信息中的购买力。

其实，不仅是IT业的大公司，越来越多与IT无关的中小企业也开始以数据来武装自己，它们开始依托采集、分析web流量、社交网络上的评论以及监控货物、供应商和客户的软件和传感器上的数据，来达到提供决策指南、削减成本、拉动销售的目的。数据其实并不神秘，以前的市场调研、售后分析都要牵涉到一大堆数据。以往，数据只是主干道，只粗略地勾勒出城市的人流和车流。如今，数据已经变成了毛细血管，渗透到社会的每一个细胞。

随着信息技术的发展，我们的生活和工作正在越来越多地被数字化。无论是上班打卡，还是旅行度假，都可以量化成0和1二进制的数据。以前，软盘中只能存储一张报表；后来，光盘中可能存储一次生日派对。如今，只要你愿意，你可以把你的全部人生转化成数据，存储在云端。于是信息爆炸、海量信息都不足以体现数据的增长，大数据这一全新的名词得以诞生。

不论是大公司还是小公司，在解决数据爆炸式增长的问题时都有很多方法可选，但关键就是不能等。要在海量数据湮没你的数据中心前未雨绸缪。在一个客户主宰一切的时代，谁能按照客户的使用模式和行为方式定义服务，谁就具备竞争优势。

（二）大数据技术的实现手段

如今，谈未来发展必谈"大数据"，但企业真正要拥抱"大数据"，绝非易事，首先硬件是否能够达到大数据处理的要求便是一道硬门槛。如何将数据信息与产品和人相结合，达到产品或服务优化是大数据商业模式延展上的挑战之一。大数据对算法和计算平台的挑战加大，计算开销大增，总量上升，质量下降，这是大数据带来的重大挑战。

"罗马不是一天建成的"，大数据也不是一天、一周或是一个月就能够解决的问题。

总的来说，解决大数据的问题是一个长期的过程，需要对大数据的发现、流动、存储、分析以及长期保存等各个方面加以考虑，这意味着从平台建设的角度来说，需要考虑"完整的、适合整个大数据生命周期"的软硬件平台。

但如今能跟得上时代脚步的企业并不多。根据调查，接近50%的企业服务器数量在100台以内，而拥有10～500台的企业占据了22%的比例，500～2000台服务器则占据剩下28.4%的比例。由此可以看出，面对大数据，现今大部分企业还没有完善其硬件基础架构设施，而"廉价"服务器设备在企业中也占据了半壁江山。

随着大数据应用的迅速普及，"廉价"服务器设施会随着企业业务的发展逐渐被淘汰出历史的舞台，在未来企业基础架构体系的硬件选用上，多核多路处理器以及SSD等设备会成为企业的首选。

当然人力资源也是必须做出改变的关键一环。大数据也在对员工素质提出更高的要求。员工必须懂得在海量数据环境中，如何更高效地管理这些平台。提高员工技能，或者需要更高级的技术人员来胜任大数据时代下的管理，这样必然也会增加成本支出。

（三）大数据的安全考量

尽管这是一个自信息社会开始以来便不断提到的问题，但在大数据时代，数据安全如若受到侵害，无疑会导致灾难性的后果。

随着大数据的增长，潜在的管理问题也会呈指数增长。大数据不仅意味着更多数据，也意味着更复杂、更敏感的数据，还意味着可能向成功渗入网络的攻击者暴露更多数据。如果潜在攻击者知道你有大量高质量数据，这可能会增加你的攻击面，因为你被视为极具吸引力的目标。

当企业用数据挖掘和数据分析获取商业价值的时候，黑客也可以利用大数据分析向企业发起攻击。黑客可以最大限度地收集更多有用信息，比如社交网络、邮件、微博、电子商务、电话和家庭住址……为发起攻击做准备。尤其当企业员工的VPN（虚拟专用网络）账号被黑客获取时，黑客就可以获取企业的信息，进而入侵企业的网络。大数据分析不仅会让企业的数据分析更高效可靠，也会让黑客的攻击更精准。

大数据时代的安全与传统安全相比，变得更加复杂。一方面，大量的数据汇集，包括大量的企业运营数据、客户信息、个人隐私和各种行为的细节记录。这些数据的集中存储增加了数据泄露风险，而这些数据不被滥用，也成为人身安全的一部分。另一方面，大数据对数据的完整性、可用性和秘密性带来挑战，在防止数据丢失、被盗取和被破坏方面存在一定的技术难度，传统的安全工具不再像以前那么有用。企业需要考虑如何应对数据泄露的风险,并且建立相关预案,也要从网络安全、数据安全、灾难备份和安全管理等各个角度考虑,部署整体的安全解决方案,来保障企业数据安全。

(四)强有力的生产工具

有研究显示,数据驱动决策制定者获得的生产力,要比通过其他因素进行解释所获得的高出5~6个百分点——大数据已经成为最强有力的生产工具。

我们不用担心大数据好不好用,恰恰相反,我们要担心的是它是否太强大。当"数据为王"成为共识后,大数据就成为我们的军师:用大数据设定职业目标,用大数据规划旅行路线,用大数据来决定是不是要和心仪的女孩谈恋爱,应该说,在这之前还要用大数据判断女孩子是不是心仪自己——大数据驱动会让我们的生活更便捷,也会湮没我们内心的声音。

未来,到底是我们驱动大数据,还是我们被大数据驱动?大数据不仅带来了技术变革,而且带来了思维变革与管理变革。对于许多年轻的创业者与企业家来说,大数据让他们生逢其时,与发达国家站在同一起跑线上。这既是科技创新的机遇,更是价值发现的机遇!从2012年到2013年,从云计算落地到大数据爆发,人类已然推开一扇大门:通过对海量大数据的高效分析获得商业和社会价值。此外,大数据关于非结构化数据的把握以及运用,不但具有商业价值,还必将成为国家战略的重要组成部分。

(五)用大数据预见未来

当全社会的信息都被转化成计算机可以识别的数据后,就如同给整个社会绘制出了一张基因图谱。于是观察整个社会,就变成了像调用一堆数据这么简单,于是产业前景分析、灾难预报、犯罪预防都成为可能——大数据可以让扑朔迷离的未来变得如股市K线图一般简洁明了。换句话说,我们可以用大数据预见未来。

大数据是一种全新的武器,运用它,我们可以在每个领域攻城略地。无论是商业领域,还是在科学、体育、公共卫生方面,用数据驱动发现和决策正变得越来越明显,以至于在2012年达沃斯论坛,大数据变成了框定的主题之一。论坛上一份名为《大数据,大影响》的报告更是宣告:"数据已成为一种新型的经济资产,就像货币或者黄金。"

可见的未来,大数据将变成一种文化基因,一种营销术语,一种创新机制。世界产业结构将迎来劳动密集、资金密集、技术密集再到数据密集的转变。

社会学家把大数据对人类的影响等同于四个世纪之前的显微镜。显微镜的发现使人类发现和测量事物到达了细胞级,让人类发现了一个以往从未被认知的微观世界。这是测量的一次革命，它影响了人类的世界观，而大数据充当的正是显微镜的功能。无论是百度搜索，还是新浪微博，当行为和情绪产生时，对其进行精准的衡量成为可能。

第二节　大数据技术与相关领域应用

一、大数据的定义与特征

大数据（big data）是指无法在一定时间范围内用常规软件工具进行捕捉、管理和处理的数据集合，是需要新处理模式才能具有更强的决策力、洞察发现力和流程优化能力的海量、高增长率和多样化的信息资产。

大数据通常具有"4V"特征，即数据量大（volume）、数据类型多（variety）、处理速度快（velocity）、价值密度低（value）、信息真实（veracity）。

（1）数据体量庞大。采集、存储和计算的量都非常大。数据时代刚刚来临的时候，一般的数据存储容量、体积多以兆字节（MB）为单位。近年来，各种各样的现代IT应用设备和网络正在飞速产生和承载大量数据，使数据的增加呈现大型数据集形态，大数据的起始计量单位至少是拍字节（PB，1PB=1024TB）、艾字节（EB，100多万个太字节）或泽字节（ZB，十多亿个太字节）。

（2）数据类型繁多。数据来自多种数据源，数据种类和格式日渐丰富，已冲破了以前所限定的结构化数据范畴，囊括了半结构化和非结构化数据。

（3）处理速度快。从各种类型的数据中快速获得高价值的信息，这一点和传统的数据挖掘技术有着本质上的不同。

（4）价值密度低。由于数据产生量巨大且数据产生速度非常快，必然形成各种有效数据和无效数据错杂的状态，因此数据价值的密度大大降低。以视频为例，在连续不间断的监控过程中，可能有用的数据仅仅有一两秒。所以，如何结合业务逻辑并通过强大的机器算法来挖掘数据价值，是大数据时代最需要解决的问题。

（5）信息真实。数据的准确性和可信赖度，即数据的质量。

二、大数据与传统数据的区别

大数据是在传统数据库学科分支的基础上进一步发展起来的，但两者在数据存储、数据分析、数据处理规模上都有所不同。下面从数据思维、数据处理以及数据分析三方面来介绍两者的不同。

（一）数据思维

大数据思维与传统数据思维有着很大的差别。传统的数据思维针对一个问题往往是命题假设型的，并通过演绎推理来证明自己的假设是否正确。这种思维方式一般要预先设定好主题，通过建立数据模型和元数据来描述问题。同时，需要理顺逻辑，理解因果关系，并设计算法来得出接近现实的结论。而大数据思维在定义问题时，没有预制的假设，而是使用归纳推理的方法，从部分到整体地进行观察描述，通过问题存在的环境观察和解释现象，从而起到预测效果。

（二）数据处理

传统的数据处理主要以面向结构化数据和事务处理的关系型数据库为主，通过定向的批处理过程长时间地对数据进行提取转换和加载等处理，处理后的数据是容易理解的、清洗过的，并符合业务的元数据。而大数据处理技术具备结构化、半结构化和非结构化数据混合处理的能力，主要针对半结构化和非结构化数据。这意味着不能保证输入的数据是完整的、清洗过的和没有任何错误的。这使大数据处理技术更有挑战性，但同时它提供了在数据中获得更多的洞察力的范围。

（三）数据分析

传统的数据分析通过数据抽样并不断改进抽样的方式来提高样本的精确性，它往往关注的是"为什么"的因果关系，分析算法比较复杂，通常用多个变量的方程来追求数据之间的精确关系。而大数据分析对象是全体数据，它往往关注的是"是什么"的相关性关系，从海量数据中分析出人类不易感知的关联性，通常用简单的算法实现规律性的分析。

三、大数据在农业经济管理中的应用

（一）依靠农产品的优势，建立大数据平台

政府部门在积极推动农业产业的发展时，必须充分发挥大数据技术的优势，加快农业生产资源整合以及数据共享平台建设步伐，为农业经营与农业经济管理模式的改革与创新提供积极帮助，才能将大数据在农业生产经营体系和服务系统构建过程中的作用最大限度地发挥出来。农产品数据库的构建不仅为国家和地区开展重点农产品的监控和检测提供了技术支持，而且借助遥感器检测技术，进行农产品检测数据统计与上报，扩大了农业产品

数据库的信息储存量，提高了农业资源共享的水平。这种以消费者消费需求为导向，针对重要农产品特色优势和产业市场检测建立的植被体系预测和分析系统，主要是通过对内外农产品市场供需变化趋势的分析和研究，详细解读当前农产品市场交易的热点，并以此为基础全面监控农业市场运行和发展过程中的潜在风险隐患，同时通过制订相关应急预案和预警体系的方式，提高农业种植户的风险辨别能力，避免因为出现盲目跟风现象影响农业生产的经济效益。政府部门通过大数据平台定期发布农产品的价格信息，既有助于农产品价格信息更新及时性和准确性的提升，又为农业种植户与新型农业经营主体提供了第一手的市场信息，增强了农产品种植的针对性，避免因为农产品价格波动过大而影响农业种植户的经济效益。另外，我国农业供给侧改革政策的推进和实施，为农业企业利用大数据分析和把控市场变化提供了技术支持，在这一过程中，政府部门也应该合理运用大数据信息优化农业生产管理的方式，提高农业产品市场调控的精准性。比如，随着生猪、鸡蛋等农产品大数据平台构建的顺利完成，农产品平台的影响力也越来越大。

（二）打造现代化农业生态体系

建立以农业大数据平台为基础的大数据挖掘和分析平台，将移动互联网、信息化技术等信息产业紧密融合在一起，不仅实现了全产业链统筹和兼顾大数据资源的目的，而且通过打造现代化农业产品互联网平台的方式，为我国农业经济管理模式的改革与创新提供了强有力的支持，彻底解决了长期以来困扰我国农业产业发展的问题，推动了农业产业的健康可持续发展，为我国由传统农业大国向农业强国的发展奠定了坚实的基础。政府部门在积极推动农业经济管理工作时，应该以当前农业土地确认为基础，通过建立农村产权交易平台的方式，进行农业土地物权、股权和产权的集中交易，不但实现了推动土地大规模流动的目的，而且加快了土地产权交易的速率，为规模化农业生产模式的推广和应用，提供了相应的政策支持和依据。以精准农业、智慧园区建设为主导的现代化农业园区科技示范工程在全国各地迅速开展，主要是充分发挥移动互联网的优势，将移动终端设备等智能化设备应用于农业生产中，推动农业互联网平台的建设，提高农业生产效率和质量的全面提升。比如，广州大气候农业科技有限公司就是以当前的智能硬件系统为基础打造出了现代化的农业互联网体系，在建立农业大数据平台的基础上，为农业生产提供全方位的服务和指导。该企业在发展的过程中，主要是利用自主研发的集成度极高的智能检测系统，检验不同类型的农产品，然后通过对农田数据累计和分析的方式，进行局部天气情况的预警，农田病虫害预测以及农田土壤检测等各方面工作，确保了后续农产品生产的顺利进行。正是因为该系统采取的是模块化安装和设计的方式，所以，为后续检测设备的使用预留了充足的空间。比如,该系统追踪的气候云大数据平台和智能软件,不仅具备了持续追踪农产品生产状况的目的,而且为农产品智慧生产和品牌塑造提供了完善的计算和数据支持。由于农产品质量事关国家战略布局和战略安全,党和国家对食品安全的重视程度也越来越高,所以,相关部门必须充分发挥移动端和大数据技术的优势,将新一代信息化技术与农产品质量安全工作紧密融合在一起,创新和改革现代农业生产的模式,并在农产品生产和加工过程中,上传农业生产的管理数据,为农业种植人员制定和实施农业种植决策提供积极的帮助。此外,相关部门借助大数据技术建立的农产品质量管理和安全追溯体系,不仅确保了农产品从农田到饭桌的全程无污染,而且促进了农产品品牌效应的稳步提高,为绿色农业产业的发展奠定了坚实的基础。

(三)借助农业大数据,有效改善农业环境

经过深入的调查研究发现,农业生产中的耕地污染和水资源短缺等问题导致的耕地退化,不仅是制约我国农业生产经济效益有效提升的重要因素,而且给农业种植户造成了巨大的经济损失。随着大数据时代的来临,以农业大数据为基础建立的农业生态环境,彻底解决了长期以来农业经济发展空间不足的问题。比如,美国的农业大数据,主要是通过帮助农民适应自然耕种模式的方式,引导农民灵活地利用自然资源,不但降低了农业种植和生产的成本,而且获得了更多的天然营养且经济价值极高的农产品。该系统在实际运行过程中,主要采取了数据收集与预测相结合的方式,将农田间、实验室、微型传感器数据以及地理信息系统生成的数据信息与气候数据产生的数据结合在一起进行综合分析,然后将其应用于农业种植户的原始数据中,从相关参数中明确指出种植户需要改善和优化的内容,确保农业生产的顺利进行。这种全新的农业生产管理模式的推广和应用,不但帮助农户节约了水资源和化学产品的使用量,而且实现了农业生产可持续发展的目标。再比如,美国的一家计算机视觉与机器人公司,其主要是通过计算机视觉技术精准识别和去除农作物中的杂草,以达到减少化学农药使用量,推动绿色农业生产稳步发展的目的;借助农业大数据为广大游客提供查询出行路线和消费趋势的帮助,为农业种植户在发展乡村旅游选址时提供了准确无误的数据依据和决策支持。农业种植户在发展农业休闲旅游区时,只需要以农业大数据平台提供的数据为依据,将农业共享经济和休闲农业紧密地结合在一起,建立以互联网信息化技术为基础的乡村旅游体系,不仅实现了重新使用闲置农业资源的目的,而且促进了农产品市场价值的有效提升。另外,政府部门应该在大力发展共享农业经济的过程中,及时利用互联网信息化技术平台进行农业资源的有机整合与交易,通过重新分配和规划农村闲置资源的方式,站在消费者个性化需求的角度上,积极发展乡村旅游产业,

才能在彻底解决以往乡村旅游产业发展过程中存在的不确定性因素的基础上，尽快缩短我国城乡之间的差距，为新农村建设工作的有序开展保驾护航。

四、大数据在其他领域的应用

（一）互联网大数据的应用

大数据应用起源于互联网行业，而且互联网也是大数据技术的主要推动者。互联网拥有强大的技术平台，同时掌握大量用户行为数据，能够进行不同领域的纵深研究。

如谷歌、Twitter、亚马逊、新浪、阿里巴巴等互联网企业已广泛开展定向广告、个性推荐等较成熟的大数据应用。国外的亚马逊作为一家"信息公司"，不仅从每个用户的购买行为中获得信息，还将每个用户在其网站上的所有行为都记录下来：页面停留时间，用户是否查看评论，每个搜索的关键词，浏览的商品，等等。这种对数据价值的高度敏感和重视，以及强大的挖掘能力，使得亚马逊在产品推荐和需求预测方面都处于行业领先地位。国内互联网企业以阿里巴巴为代表，其在2012年7月推出了数据分享平台"聚石塔"，为淘宝、天猫等平台上的电商提供数据云服务，并将其扩展到金融领域和物流领域。阿里巴巴基于对用户交易行为的大数据分析，提供面向中小企业的信用贷款。阿里巴巴成立的"菜鸟"网络物流，也是基于大数据平台的，利用大数据平台的分析，联手各大物流企业，来选择最高效的送达方式。

（二）金融行业的大数据应用

目前，金融行业的信息化水平已相当高，众多金融机构都建立了自己的数据平台，在客户深度分析、反省钱、反欺诈预警等方面发挥着重要作用。

中信银行整合银行内部与信用卡相关的重要数据，对数据进行快速而准确的分析和挖掘，来提供全方位、多层次的辅助决策支持手段，可以在短时间内对市场变化及趋势做出更好的战略性商业决策，以挖掘重点客户，提高服务质量，减少运作成本，为银行带来有利的市场竞争优势。

工商银行收集来自行内、金融同业以及司法部门提供的各类风险客户和账户信息，通过大数据技术对其进行相关分析、挖掘，使得银行可以实现风险收集分析、风险评级等功能。

光大银行利用与大数据相关的挖掘、文本数据分析等技术，将客户数据、产品数据、地理空间数据等进行关联分析，通过事件驱动覆盖客户的潜在需求，银行可有针对性地进行推荐产品、精准营销、投放广告等活动，进而推动自身所需业务的转型。

（三）医疗行业的大数据应用

随着医疗技术的发展，医疗行业积累了大量不同类型的数据，如健康档案、电子病历、医学图像等，这些数据已成为医疗行业宝贵的财富。如果能够对这些数据进行有效的存储、处理、查询和分析，就可以帮助医生做出更为科学准确的诊断、用药决策和病理分析等，更好地造福人类。

2009年，Google借助大数据技术从用户的相关搜索中预测到了甲型H1N1流感的暴发，该预测比美国疾病控制与预防中心提前了1~2周，随后百度也上线了"百度疾病预测"，借助用户搜索预测疾病的暴发。华大基因推出肿瘤基因检测服务，通过采取患者样本，测序得到基因序列，接着采用大数据技术与原始基因进行比对，锁定突变基因，通过分析做出正确的诊断，进而全面、系统、准确地解读肿瘤药物与突变基因的关系，同时根据患者的个体差异性，辅助医生选择合适的治疗药物，制订个体化的治疗方案，实现"同病异治"或"异病同治"，从而延长患者的生存时间。

（四）智慧交通的大数据应用

大数据下的智慧交通就是整合传感器、监控视频和GPS等设备产生的海量数据，并与气象监测设备产生的天气状况数据、人口分布数据和移动通信数据等相结合，从这些数据中洞察出我们真正需要的有价值信息，从而实现智慧交通公共信息服务的实时传递和快速反应的应急指挥等。

基于大数据的智慧交通可以有效地管理交通数据，如可集中访问分散存储在不同支队数据中心的图像或视频等；提高对海量数据的利用，如可从海量数据中挖掘出有价值的信息，为公安治安、刑侦、经侦等部门人员及一线民警提供信息支撑服务；改善交通，如提高对各种交通突发事件的应急调度能力，依据历史数据预测交通或突发事件的发展趋势。

2017年杭州云栖大会，阿里云的城市大脑正式发布。它通过接管杭州的一些信号灯路口，使试点区域的通行时间减少，使120救护车到达现场的时间缩短，城市大脑的"天眼"系统通过对已有街头摄像头的无休巡逻，释放了警力，节省了劳动力。城市大脑得益于阿里云积累的云计算和大数据能力，通过一个普通的摄像头，就能读懂车辆运行的状态和轨迹，同时实时分析来自交通局、气象、公交、高德等机构的海量交通数据，为城市的智慧交通贡献了力量。

第三节　大数据在农业经济发展中的作用

一、农业大数据促进农业的科学发展

我国作为一个农业大国,农业经济发展和人们的生活密切相关,因为农业生产不仅能够为人们提供日常所需的粮食,也是其他产业的发展基础。影响农业生产最重要的因素就是自然环境,包括影响农作物生产的气候、土壤等条件,这些自然环境的因素是不可控的,所以对农业生产和经营有着至关重要的影响。传统农业生产都依靠以往的农业生产经验,现在传统农业生产方式明显落后于时代发展,因此难以满足现代化的生产需求,现代农业生产更加需要科学的生产管理方式以及技术手段。从大数据对农业生产的影响可以看出,对于大数据的了解和掌握直接影响着农业的发展,所以大数据在农业生产中的应用至关重要。现代化农业生产需要更加准确和科学的农业生产方法,将农业生产的各个环节的数据进行统计和分析,将每个生产环节都记录下来,通过农业大数据反映出的整体情况做出实时的监控,并据此调整生产结构,让产业结构得以优化升级。除此之外,通过对农业大数据进行分析能够预测农业生产环境的变化趋势,提高预测的精准度,避免由于没有及时检测到灾害的发生而造成经济损失;通过将现代化机械投入农业生产中能够对农作物生产过程进行优化,对农作物施肥情况做出研究,等等,极大地提高了农业生产效率。所以,农业大数据在经济管理过程中的发展应用有助于实现农业的可持续发展。

二、优化产业结构

在传统农业生产中农务的人员文化程度普遍不高,他们对于现代化科学技术在农业生产活动中的应用一无所知,也从未想过能够通过科学技术改变农业生产方式,这在很大程度上使农业生产的效率受限。并且农业生产企业在生产经营过程中会受到市场环境、政策、自然环境等各方面因素的影响,会存在较多问题,比如,传统的农业生产活动中主要种植单一的农作物,农业种植者一般都是采取固定的农业生产设备进行种植,缺乏对市场环境变化的敏感性,因此没有从长远的角度进行规划,这不但会导致农业生产方式受到制约,逐渐降低市场竞争力,一旦农产品的价格发生变动,还会对农业生产者的收益造成直接影响。

根据农业大数据的调查和分析能够产生大量的数据信息,通过这些数据信息可以对农业生产的方向进行全面的分析和预测。农业生产者可以根据预测结果对当前的农业产业结构做出调整，选择成活率高的农作物种类；并且可以将大数据的分析结果根据销售距离的远近以及线上销售平台进行充分结合，优化农产品的销售方式。除此之外，运用农业大数据能够使企业及时预测当地的气候环境，有助于针对气候环境的变化对农产品进行存储和运输，从而促进优化企业的经营方式。由此可以看出，农业大数据能够对农业产业结构做出积极的调整，从而有效保障农业经济的可持续发展。

三、提升农业决策的科学性

我国农业生产的经营方式在由传统型向现代化生产过渡，以往的农业生产活动中很多农业生产者都是依靠人力来从事生产作业的，这种方式不但效率低下，还会导致农业生产者的收入难以提高。如今很多农村地区的青壮年迫于生活压力都进入城市发展，从事农业生产行业的青壮年越来越少，因为选择收入更好的行业才能更好地生存，这样一来就很少有人会选择更深一步去研究农业生产技术。而只有农村经济不断发展完善，国民的生活水平才能进一步提高。因此，各地政府部门一定要对农业科技给予高度重视。比如，增加科学技术在农业中的应用力度，加大对于科研成果的奖励，提高研究人员的薪资待遇，为研究人员授予荣誉称号，等等，从而吸引更多优秀的年轻人加入农业技术的研究之中。

另外，在农业生产活动中还应该投入足够的机械设备，这样农业生产者能够节省更多的劳动力来发展副业，从而增加自身的经济收入。先进的科学技术手段还能够预测农业的未来发展趋势，研究农作物的生长数据，从而探究出更加合理的农作物品种。另外，加强对农业大数据的使用有利于政府全面了解农业的生产经营状况，从而做出进一步的规划调整，使农业生产者在政府的帮助之下更好地经营农业生产活动，从而提高经济效益。比如，利用农业大数据进行分析，能够对农作物的生长数据以及外部环境数据进行研究，提高对农业生产的指导效果，保证农业生产符合当地的资源和市场需求，并且能够通过数据分析探究出合理的农作物品质和种植方法，从而带动农民收入水平的提高。

四、预测涉农企业的生产情况

随着农业经济的发展，出现了很多涉农企业，主要包括以下四种类型：提供生产资料和服务的企业、提供农产品的企业、农产品加工企业以及农产品流通企业。这些企业在农业经济发展的过程中有重要影响，不仅能够促进经济的发展，对于其他经济产业也起到了积极的促进作用。比如，农产品流通企业打开了农产品的销售渠道，增加了农业生产者的收入；农产品加工行业是生产链运转的重要环节，也为很多企业提供了劳动力岗位。这些企业的发展壮大对市场的变化起到了积极的促进作用，但是由于涉农企业的不断发展壮大，对市场的变化以及加工技术都存在较大的影响，所以导致市场竞争力下降。因此，农业大数据对涉农企业的生产情况进行管控，有助于提升其应对市场变动的灵活性，还有助于促进农产品加工技术的转型升级，以及农产品加工行业的进一步优化。

随着经济的不断发展，涉农企业在生产技术、生产程序以及对市场信息的掌握上存在很多问题，农业大数据的应用可以让很多涉农企业的管理者通过对大数据的掌握对企业的生产技术以及生产程序进行监督和管理，随时掌握市场信息的动态，改善产品的加工程序。

利用农业大数据进行分析研究能够预测涉农企业的未来发展情况，如果所显示的数据表示企业经济有下降的趋势，就需要及时调整生产计划方案，改善经营环境；如果企业经济呈上升趋势，企业应该加强生产经营管理，做好企业发展过程中的细节，从而保证农业生产稳定向前发展。除此之外，农业大数据在生产经营管理过程中进行应用有助于及时了解消费者的反馈情况，在将来消费者会接触到农业大数据，企业可以根据消费者的反馈情况做出调整，为消费者提供更优质的服务，从而增强企业的竞争力。

第四节　大数据促进农业经济发展的对策

一、建设农业大数据互联网平台，打造特色农产品品牌

为有效促进农业大数据快速发展，必须加快农业数据信息资源的整合，充分发挥互联网平台共享性、开放性等特点，有效推动大数据在农业生产、经营、管理中的有效应用，不断改革创新传统农业发展模式，优化农业生产产业体系，同时健全完善相关经营和服务体系，使其能够系统全面地服务农业，最大化发挥自身作用。有效整合农产品资源，建立完善的农业生态产品数据库，从而能够在一定程度上加强国家和当地政府对特色农产品生长情况的监控和监测，通过利用遥感器技术对其数据进行检测分析，实时统计上报农产品相关信息，同时对其数据信息进行实时共享，不断扩充农业产业数据库，有效落实现代化农业方面的资源共建共享。在农业数据信息资源实现共享的前提下，通过有效提高农业数据信息分析预测和整合，实现农业数据信息资源的有效处理。根据消费者对农作物的需求进行特色农产品市场品牌打造，构建具有针对性的农作物产业市场预测监测指标体系和数据信息分析系统。通过分析探究国内外农产品消费者的需求，制订针对性的农业发展方案，探索出更好的农产品生产销售模式，满足社会发展和消费者的需要。针对农产品中社会大

众普遍关注的问题进行分析，充分发挥新时代互联网媒体的优势，对农产品市场中存在的风险进行实时监控，制订突发事件应急预案，及时做出预警，有效提高农民的信息辨别能力，有效规避盲目生产等问题。政府相关部门要及时发布农产品价格变动信息，同时利用大数据对农业市场进行严格管控，提高农产品价格更新的及时性和相关信息的准确性，确保市场各项工作正常开展。并加大一些社会服务组织为农民和现代化新型农业经营主体提供个性化市场信息等相关服务的力度，不断提高其有效性和准确性，从而更好地帮助农民了解和掌握农作物生产方面的现代化技术和方法，清楚市场调控和国家政府出台的相关政策和方针，最大限度地降低信息多样性导致农业产业结构调整的同一性和时限性。

二、建立健全现代化农业生态体系，实现大数据农业经济管理

现代化农业发展过程中，以农业大数据依托互联网平台，借助新时代现代化信息技术将农业信息资源进行有效融合，对农业产业大数据信息资源统筹兼顾，提高农产品质量和产量，打造现代化农业新产品、新模式和新生态。通过利用大数据技术，对农业、金融业、建筑业、制造业等多个行业进行全方位系统布局，对其相关数据信息资源收集整理，对其所有信息进行储存，从而为农业土地规模化耕种和精准农业落实中存在的问题提供具有针对性的解决措施。对农业土地所有权进行确认时，土地作为重要的交易物品，利用现代化技术对其产权实现交易有利于其良性发展，通过集中物权、股权和产权，将其信息进行有效整合，使其形成一个整体，促使农村土地大规模流动，加快土地产权交易速率。通过利用大数据技术使农民实时掌握相关的农业信息，提高农业生产效率，对农产品成本和利润进行有效控制，能够有效实现大数据农业经济管理，为农民农业生产活动提供便利，借助大数据技术分析，使农民能够掌握农作物种植和收获的最佳时间，了解准确的气候变化，有利于精准农业的实现。同时能够对土地情况进行分析，进而有效预防病虫害对农作物的损害，使农作物健康生长。在新时代的背景下，将现代化技术和农产品质量提高有效结合，不断创新现代化农业发展模式，能够使农产品质量得到保障，实现农产品绿色无污染，满足新时代人们对绿色健康农产品的需要。

三、加强农业大数据建设，推动农业经济健康可持续发展

农业大数据在农业经济管理中的应用，能够有效降低农民的种植成本，提高农作物的质量和产量，增加农民的收益；同时保护农业生态环境，有效减少耕地污染，提高农业生产中水资源的利用率。结合当地气候条件和地势为农户提供最佳的种植方案，有助于改革创新传统的耕种模式，科学合理地利用大自然资源，有效降低农业生产和种植成本，使农

作物吸收充足养分。通过加强农业大数据建设，将上传数据和预测数据有机结合，并将当地的地理相关数据信息和当地的气候数据相结合，产生农业管理数据库，利用大数据将农业生产的所有信息资源有机整合，有助于农民根据其引导采取应对措施，及时进行农业生产管理。农业大数据建设能够使农田减少化学品使用，实现农业新产品的培育种植，促进农产品质量和产量的提高，有助于实现农业的可持续发展，有效提升农业生产经济效益。

（一）借助农产品的优势进行数据平台的建立

我国农业经济的实际发展中虽然还存在一系列问题，但是由于我国农业历史悠久，农产品在世界市场上的竞争力不容忽视。因此，要突出我国农产品的优势，进行大数据平台的建立，也是现阶段我国在开展农业经济管理相关工作的过程中，农业大数据技术应用的一个具体途径。可以通过收集现阶段我国农产品生产的相关信息，建立完善的农产品数据库，对我国一些地区主要农产品的生产质量以及产量进行合理有效的监测，利用各种渠道实现农业发展信息资源的共享。在对农产品市场进行监测预测以及分析的过程中，要利用我国农产品的优势，准确把握市场和媒体的动向，避免农业生产出现盲目跟风、过度炒作等情况，提升我国农产品生产的合理性。

（二）建设现代化农业体系过程中大数据的应用

借助农业大数据平台，能够整合信息化技术以及互联网技术，充分发挥互联网平台的作用，对传统农业模式进行创新，打造新型农业发展模式。信息技术在各行各业都已经得到了普及，很多制造业实现了智慧发展，但是信息技术在农业经济发展过程中的应用却还存在诸多不足，大数据应用的布局有待完善。

农产品多数为食用品，直接关乎人们的健康，因此，农业生产不仅要保证农产品的质量以及产量，农产品的安全问题同样不可忽视。通过合理应用农业大数据技术，加大信息挖掘以及信息分析的力度，借助互联网技术，建立现代化的农业生产新模式，对传统的农业经济发展模式进行优化，监测农产品生产、加工、销售的各个环节，并及时将获取的数据上传到数据库中，一旦发现问题，应立即解决。同时，加大对于食品安全问题的关注，保障人们饭桌上的安全，树立我国农产品品牌的新形象，真正达到构建现代化农业体系的发展目标。

（三）加大专业人才的培养力度

随着大数据技术的逐渐成熟，现阶段各行各业对大数据技术的推广力度不断加大，只有大量高素质人才的参与，才能使农业经济发展迈上一个全新的台阶。无论是从政府的角度，还是从企业自身的角度，要想优化自身的人才储备，都可以尝试与高校进行合作，引进大量优秀人才，进行实践培训，通过积累丰富的经验，更好地适应行业的发展，真正成为推动我国农业经济发展的中流砥柱。在对人才进行培训的过程中，一方面要能够充分把握最近几年我国农业经济发展的整体趋势，另一方面要收集能有效体现我国农业经济发展问题以及发展经验的典型事件，对这些典型事件进行分析总结，针对制约我国农业经济发展的因素进行识别，对相关问题的发生原因进行分析，以此为基础，建立完善的管理制度，加大对细节问题的关注，优化农业工作开展的流程。

（四）重视新媒体技术的应用

长期以来，我国在推动农业经济发展方面投入了大量精力，虽然国家出台了一系列政策，但是农村地区人员外流的情况依然没有得到有效改善，其中一个原因就在于农业经济的发展依然采用传统模式，没有有效结合现代技术，农业产值小。要想充分发挥大数据技术在农业经济发展中的作用，就要重视新媒体技术的应用。借助新媒体技术，扩大对我国优质农产品的宣传，建立属于自己的农产品品牌，使更多人能够认识到优质农产品，扩大优质农产品的消费量，提升优质农产品的市场占有率。

第四章　大数据时代下农业经济与乡村旅游的协调发展

在信息时代背景下，大数据技术逐渐渗透到生产生活的方方面面，对促进农业经济与旅游业发展意义重大，有利于乡村振兴战略的实施。当前，部分地区农业经济结构单一，亟须进行产业升级，可凭借大数据的技术优势创建服务平台与数据库，以全新的经济模式帮助农村顺利度过产业升级关键期。同时，建设大数据服务平台、注重乡村旅游文化开发、建设文化品牌等方式，可以提高农村文化资源的市场知名度，吸引更多游客参与到乡村旅游之中，助推乡村振兴事业。

第一节　旅游与旅游业概述

一、旅游

（一）旅游的定义

什么是旅游？这个看似简单的问题却难以得到准确而严谨的答案。在人们的生活实践中，"旅游"一词可以用在不同的场合，并包含不同的意义。例如："外出旅游"，一般是指旅游活动；"从事旅游工作"，又指旅游业。

旅游（tour）来源于拉丁语的"tornare"和希腊语的"tornos"，其含义是"车床或圆圈；围绕一个中心点或轴的运动"。这个含义在现代英语中演变为"顺序"。后缀 -ism 被定义为"一个行动或过程；以及特定行为或特性"，而后缀 -ist 则意指"从事特定活动的人"。词根 tour 与后缀 -ism 和 -ist 连在一起，指按照圆形轨迹的移动，所以旅游是指一种往复的行程，即指离开后再回到起点的活动；完成这个行程的人也就被称为旅游者（tourist）。

"旅游"这一汉语词汇，最早出现于我国的南北朝时期。在此之前的一段时间中，"旅"和"游"分别是两个独立的词汇。直到诗人沈约写了《悲哉行》，其中有诗句："旅游媚年春，年春媚游人。"从诗义看，"旅游"一词当时就已经有了外出游览的意思。后来，在唐宋明清的诗词中,"旅游"一词多次出现。

"旅游"一词,从字面上很好理解。"旅"是指旅行、外出,即为了实现某一目的而在空间上从甲地到乙地的行进过程;"游"是指外出游览、观光、娱乐,即为达到这些目的所做的旅行。二者合起来即"旅游"。而"旅行"偏重于"行",旅游不但有"行",且有观光、娱乐的含义。另外,"旅游"必须是从常住地出发且在一定时间内回到常住地,而"旅行"则可以是从任何地点出发且不要求回到出发地。

如果将"旅游"笼统地做旅行游览来解释,显得比较笼统,也不具科学性。一般人理解的旅游,包含了旅游活动和旅游业两个概念。前者是从需求的角度解释,后者是从供给的角度理解。这就是我们常常说的理论性定义和技术性定义。这两种方法也是长期以来国内外专家常用的对旅游定义的不同探讨方式。

(二)旅游定义的基本内容

前一种理论性定义我们称之为狭义的旅游概念,后一种技术性定义我们称之为广义的旅游概念。现代社会对旅游活动关注和研究的动力是从经济的角度、从产业的背景去认识市场,这也是我们学习的主要目的和动机,因此我们更倾向从广义的立场去理解旅游。主要有以下几个原因。

(1)任何目的的旅行常与休闲消遣相伴

公务旅行和商务旅行大多伴随着消遣旅游活动。旅途过程的消遣旅游活动符合狭义旅游活动的特征——异地性、非定居性、非职业性、消遣性,所以不能排除在旅游活动之外。

(2)任何旅行活动都有旅游经济的意义

出于任何目的到非长住地(国)访问,对接待地(国)都有经济贡献和社会影响,对接待地(国)有旅游经济或产业的意义。

国际组织公认事务(包括公务、商务等)访问者应纳入旅游统计人员的范围内。不管是旅游的概念性定义还是技术性定义,无论站在什么角度给旅游下定义,都主要关注以下几个方面的基本内容:

其一,旅游学研究的范围。旅游学研究的范围主要包括旅游者、旅游活动、为旅游活动服务的经营产业以及旅游业对旅游目的地的影响(经济影响、社会影响、文化影响、政治影响)等。

其二,定义内容的因果关系。旅游者的旅游活动是因,旅游业及其对旅游目的地的影响是果。旅游业及其对旅游目的地的影响是由旅游活动引起的。反过来,又对旅游活动和旅游者有着反作用。旅游地开发的成败、当地居民的素质以及他们对旅游者的态度等都对旅游者的出游决策起到一定影响作用。

其三,"非就业性"的解释。定义中的旅游活动是"不牵涉任何赚钱的活动",指的是旅游者出游的非就业性质。这里指明了旅游活动有别于人类其他社会活动的排他性规定,强调旅游活动的休闲性和消遣性。最基础层次的旅游活动主要是观光旅游。而跨地区的会议旅行、商务旅行甚至政治旅行等往往也附带有计划消遣和观光的内容,这个内容也符合"非就业性"的特征。

基于上面几个方面的主要内容,本书对于旅游的定义是:非定居者出于移民和就业之外的目的,暂时离开自己的惯常环境,前往他地旅行和逗留所引起的现象和关系的总和,这些人不会导致在旅游地定居和就业。

(三)旅游活动的基本特征

(1)异地性

旅游一定要离开惯常环境到另一个地方,要有空间位置的移动,即旅行。旅行和逗留发生在游客惯常环境或定居、工作之外的地方。它是旅游者离开常住地,到异国他乡进行的精神文化活动,是一种特殊的生活方式。"惯常环境"的界定,就排除了人们在自己的常住地范围之内开展的日常生活,也排除了人们在居住地点与上班工作地点之间的活动。旅游活动所带来的表现和结果与在居住地定居和工作的活动会有明显的不同。

(2)旅行和逗留的相依性

旅游活动是由旅行和逗留两大部分组成的,体现了"旅"与"游"的相互依赖性。两个因素缺一个都不是现代意义的旅游。有"旅"无"游"是出差,有"游"无"旅"是娱乐、是休闲。

(3)暂时性(或流动性)

旅游是流动的,前往旅游目的地的活动是临时的、短暂的。旅游者在旅游过程中借助交通工具在异地停留时间是暂时的(国际上一般规定不超过1年),最终必须返回原住地。所以,移民不是旅游。

(4)综合性

旅游是人们的旅行和暂时居留而引起的各种现象和关系的总和。旅游者在外出旅游期间,对吃、住、行、游、购、娱等方面的服务都有需求,离不开旅行社的服务、餐饮设施、住宿服务、游览设施等。旅游者外出进行的活动形式多种多样,对旅游活动内容的要求也千差万别。旅游活动与社会的、经济的、文化的、自然的要素都有联系,涉及社会经济的诸多方面。多要素的复杂构成反映了旅游活动的综合性。

（5）非定居性和非就业性

旅游不是为了到访问地定居或就业。不论是举家搬迁或移民的外出旅行，还是到异国他乡从事职业而发生的旅行，都不属于旅游活动的范畴。这个定义将旅游活动与人类其他社会活动区别开来。但要提醒的是，"就业"这一排除性条件并不适用于商务旅游活动，如出席博鳌论坛的各国嘉宾和代表。原因在于，这些差旅人员的雇主单位并不在目的地。他们出差虽然也有经济目的，但他们却不是从到访之地获得报酬。

（6）消遣性（或娱乐性）

旅游活动的目的和形式多种多样，游历名山大川、体验奇风异俗、欣赏音乐舞蹈、品尝各地佳肴、遍访名胜古迹都是人们的旅游目的。目的虽然不同，但动机都是为了追求精神愉悦、增长见识、寻求自身发展等。这些动机都表现出明显的娱乐色彩。因此，旅游活动具有消遣享受的特点。

（四）现代旅游活动的特点

现代旅游指的是第二次世界大战结束后，特别是从20世纪50年代开始，国际政治形势呈现相对稳定的局面，世界经济迅速恢复和发展，国民收入增多，带薪假日增加，交通的便利使旅游进入了现代化时代。现代旅游活动呈现出下列几个主要特点：普及性、规模发展的持续成长性、空间分布上的地理集中性和时间分布上的季节性。

（1）普及性

现代旅游已经打破了少数富人、特权者的专利，成为不受阶层、国家、民族、性别、年龄等限制的广泛的群众性活动。普通的人民群众成了现代旅游活动的主要参与者。

（2）持续成长性

现代旅游的另一个特点是增长趋势的持续性。自20世纪50年代起，全世界旅游（包括国际旅游和国内旅游）活动的发展呈持续增长的趋势。以国际旅游为例，虽然个别年份因为某些突发因素，全球国际旅游人数略为下降，但总体趋势是持续增长的。

（3）地理集中性

现代旅游活动的第三个表现特点是，旅游活动的开展在空间分布上的地理集中性。随着现代交通运输工具和科技的进步，人们在世界各地之间旅行往来的时间距离在不断缩短。如今世界上的各个角落都有旅游者的足迹。尽管现代旅游者的活动范围日趋扩大，但是通过调查发现，旅游活动的开展并不是平均分布在地球表面的各个地方的。旅游活动的开展往往相对集中在某些国家、某些地区，甚至相对集中于这些国家中的某些区域乃至某些景点。现代旅游活动的这一表现特点可称为"地理集中性"。

（4）季节性

旅游活动的开展不仅在空间上具有地理集中性的特点，而且在时间分布上也呈现出不均衡的特点。这种在时间分布上的不均衡特点称为旅游活动的季节性。旅游活动的季节变动性是指旅游者外出旅游时间的选择和旅游接待地企业经营业务上所体现的明显淡、旺季差异性。

二、旅游业

旅游活动的大规模发展，离不开旅游供给方面的支持和拉动，现代旅游的真正发展实际上是需求和供给两个方面共同作用的结果。这里所讲的旅游供给就是旅游业，旅游业是构成旅游活动的三大要素之一，是使旅游者完成旅游活动的重要保障，也是大众旅游得以实现的促进因素。旅游业目前已成为全球第一大产业，而且还在不断壮大，旅游业因为发展快、效益高、潜力大、污染相对较少，被誉为"朝阳产业""无烟工业"。

（一）旅游业的定义

什么是旅游业，目前还没有统一的定义。传统的概念将旅游业等同于旅行社业，比如日本学者土井厚在《旅游业入门》中，将旅游业概括为："旅游业就是在旅游者和交通、住宿及其他有关单位之间，通过办理旅游签证、中间联络、代购代销，通过为旅游者导游、交涉、代办手续，并利用本商社的交通工具、住宿设施提供服务而取得报酬的事业。"随着旅游的大众化、社会化程度越来越高，旅游业的范畴发生了变化，在概念上也产生了争议，但基本上没有人仍将旅游业狭义地理解为旅行社业，许多人根据自己的理解从不同的角度、不同的出发点对旅游业做了不同的阐述。

比如，墨西哥学者在《旅游业是人类交往的媒介》一书中认为："旅游业可以看成是因向旅游者提供服务和其他方便而形成的各种关系的总和。"美国旅游学家唐纳德·兰德伯格在《旅游业》一书中认为："旅游业是为国内外旅游者服务的一系列相互关联的行业。旅游关联到旅客、旅行方式、膳宿供给、设施和其他各种事物。它构成一个综合性概念——随时间和环境的不断变化，一个正在形成和统一的概念。"我国旅游学者李天元在《旅游学概论》一书中认为："旅游业是以旅游者为对象，为其旅游活动创造便利条件并提供其所需商品和服务的综合性产业。"

为全面理解旅游业的概念，我们先看看旅游业是不是一项产业。在管理学的意义上，产业是指所有生产相同产品的单个企业的集合。旅游业与这个传统标准相差甚远，首先，旅游活动的顺利实现需要借助多种行业或企业提供商品或服务；其次，旅游业的产品是诸多行业或企业共同提供的，很难界定旅游业的行业范围，其投入和产出难以准确地核算和确定，因此，旅游业不是传统意义上的产业。但是，旅游业是实实在在存在的一项产业，旅游业的各行业、各部门都拥有共同的服务对象——旅游者，其共同的服务内容是为游客提供旅游活动所需要的产品和服务。虽然世界各国在制定其产业划分标准时，都未明确将旅游业作为一项产业单独立项，但是在很多国家制订的经济发展规划中，都将发展旅游业作为一项重要内容。我国也将旅游业作为国民经济的重要产业。旅游业是一个既分散在社会经济各个层面又高度关联的特殊行业，产业界限不清是旅游业不同于其他产业的一个特点。

所以，如果要给旅游业下定义，可以概括为：旅游业就是以旅游资源为凭借，以旅游设施为基础，以旅游者为对象，有偿为旅游者的旅游活动创造便利条件，并为其提供所需商品和服务的综合性产业。

（二）旅游业的性质

回顾我国旅游业发展的历史，从新中国成立以后到改革开放之前，旅游业基本上是我国外事工作的一部分，即从事以外交、政治接待为目的的事业。那个时代的旅游业被认为是"事业性质"。

随着经济体制和行政管理体制的变革，旅游业的性质发生了很大变化，最为突出的是旅游业成为一个经济产业。旅游业从事业型转向经济产业型。旅游业在我国是一个新兴产业，以1986年国家正式将旅游业列入国民经济计划为标志，意味着旅游业在国民经济体系中确立了自身的产业地位。但是，旅游业又有别于其他经济产业，因为它还具有很强的文化性。旅游者的旅游活动是为了满足精神需求。国家旅游局在"十五"规划中，就明确把旅游产业称为"动力产业"，这就从根本上揭示了旅游业的关联带动作用。旅游业的这种对社会经济发展多功能、全方位的推动作用，充分反映了它不是简单的经济产业，而是可以在经济和社会发展中产生多功能、全方位作用的一种动力产业。总之，旅游业应该是具有社会文化事业性质的经济产业。

（三）旅游业的特点

通过与制造业进行比较，可以得出旅游业的特点。

1. 旅游业具有综合性

旅游业是集行、游、住、食、购、娱等于一体的综合性产业。旅游者外出旅游涉及以上各方面的多样化、多层次的需要。为满足这些需要，必然需要多种不同类型的企业来共同为其提供产品和服务。因此，旅游业必须连同国民经济中工业、农业、商业、建筑业、交通运输业等物质资料生产部门和文化、科技、教育、卫生、宗教、邮电通信、金融保险等非物质资料生产部门，共同向其提供不同的商品和服务，而不只是提供单项或几项商品与服务。旅游业因涉及各行业的联动，从而具有综合性的特点。

旅游业的综合性决定了其与各个行业的命运都是联系在一起的，一荣俱荣，一损俱损。其中任何一个行业的滞后或行为失误，都会造成旅游者对该地总体旅游产品的不良评价，从而导致其他行业客源量的减少。只有各有关行业的工作都使旅游者感到满意，该地的旅游业才能兴旺发达，旅游业中各行业应相互支持以及开展联合营销的必要性就在于此。

同时，由于各企业所有权的分散性及其为追求各自狭隘利益而各行其是的自由性，使得它们之间不存在自动的协调，因此一个旅游目的地必须对其旅游业实行全行业的管理。

2. 旅游业是劳动密集型的服务性产业

旅游业属于服务业。旅游业为旅游者提供的劳务是一种可用于交换的特殊商品，这种特殊商品同一般商品一样具有使用价值，而生产这种特殊商品的过程就是服务。马克思说："服务无非是某种使用价值发挥效用，而不管这种使用价值是商品还是劳动。"（《马克思恩格斯全集》第23卷第218页）使旅游者得到一定程度的物质享受和精神满足，体现了旅游服务的使用价值。就国际旅游业而言，接待外国旅游者来中国旅游，使之观赏中国的锦绣河山，了解华夏的古老文明，品尝东方的佳肴美味，感受中国人民的友好情谊，消除疲劳，愉悦身心，留下对中国的美好记忆，这就是旅游服务的使用价值。从旅游产品总体来看，其价值并不是物化于消费品之中的，价值更多的是体现在服务中。

旅游业是劳动密集型的服务业。服务业的基本特征是从业者通过自己的劳动向被服务者提供当面服务，这种服务大多难以用机械代替。判断一个企业或行业是不是属于劳动密集型的标准，是看其工资成本在其全部营业成本中所占比例的高低。国际上之所以都把旅游业列为劳动密集型的行业，其原因就在于旅游业所提供的产品是以劳务为主的旅游服务，其工资成本在全部营业成本中占有较大比例。

3. 旅游业具有依赖性

旅游业的生存和发展依赖于旅游资源。一个国家或地区旅游业成功的最基本条件，在于它所拥有的旅游资源的数量多少和质量高低，在于这些旅游资源坐落的地理位置及其能否使旅游者进得来、散得开、出得去，在于旅游客源地的人们对这些旅游资源的了解和感知。

旅游业的生存和发展依赖于国民经济的发展水平。旅游客源地的国民经济发展水平决定着该国人民可随意支配的经济收入的多少和闲暇时间的长短，决定着该国产生旅游者的多寡，而旅游目的地国民经济发展水平决定着旅游综合接待能力的强弱，且在一定程度上也影响着旅游服务质量的高低。

旅游业的生存和发展依赖于相关行业和部门的通力合作和协调发展。比如，接待旅游者 30 万人次，需要提供多少各种形式的住宿设施、多少交通客运能力、多少导游翻译等，它要求旅游业内部各企业之间、旅游业及其相关行业之间都必须密切配合、协调发展，其中任何一个相关行业和部门出现脱节，都会影响旅游业经营活动的正常运转，都会降低旅游业的经济、社会、环境、文化效益。

旅游业的生存和发展依赖于自然的、社会的、经济的、政治的等各种因素，其中有些因素对旅游业的影响还可能是致命的。气候的恶劣、疾病的流行、水灾的泛滥、地震的发生、世界性的经济危机、国际关系的恶化、政府政策的恶化、政局的不稳、社会的动乱、恐怖活动的出现、战争的爆发等都会导致旅游活动的萧条和旅游产业的停滞。

具有依赖性说明旅游业是个较为敏感而又脆弱的产业。如果一个国家或地区把旅游业视为唯一的经济支柱，一旦发生巨大波动，其后果是不堪设想的。

4. 旅游业具有涉外性

现代旅游是一种跨地区、跨国界的广泛的人际交往活动，具有明显的外向性或涉外性。就一个国家的旅游业来说，既要接待海外旅游者入境旅游，又要组织本国居民出境旅游，还要组织国内居民在国内旅游。其中前两项业务都属于国际旅游，都具有外向性。特别是由于各国的社会制度、政治信仰、生活方式、文化风俗等都有很大差异，发展国际旅游业具有较强的政策性，不仅以完成创汇任务为目的，而且应促进国与国之间人民的相互了解和友谊。因此，在国际旅游工作中，必须加强政治责任感，自觉遵守外事纪律，切实提供优质服务，努力维护祖国旅游业的声誉，这也是每位旅游从业者的天职。

（四）中国旅游业的发展

我国旅游业的发展以新中国成立为分野，分为近代旅游和现代旅游两个时期。

1. 中国近代旅游

近代中国的旅游是指 1840 年鸦片战争以后到中华人民共和国成立之前这段时期的旅游发展。这个时期，中国由独立的封建国家沦为半殖民地半封建国家。国家性质的变化使社会各个领域、各个方面都发生了深刻的变化。这一时期旅游业的变化具有自身的特点：一是由于西方文化的入侵，中国人的旅游观念发生了变化，平民阶层开始步入旅游队伍。二是随着现代化交通的发展，旅游的空间形式也得到进一步拓展，参加旅游的人数越来越多，去的地方越来越远，国际旅游交往日趋频繁。三是为了适应这种旅游形势的发展，为旅客服务的民间旅游组织逐渐形成一个独立的行业。

旅游业在我国的出现可以追溯到 1923 年上海商业储蓄银行旅行部的设立。20 世纪初，上海由于经济发达和交通便利，成为当时中国与外部世界联系和交往最多的城市，这为旅游业在上海的出现和发展提供了较好的环境条件。随着中外人员交往的增多，一些外国的旅行社，如英国的通济隆旅行社、美国的运通旅游公司等，已经开始进入上海开展经营。上海商业储蓄银行的民族银行家陈光甫先生面对当时旅游需求日渐明显的增长和外国旅行商社进入中国市场的现实，为了谋求给上海商业银行寻找扩大生财之道，同时也是为了创办中国人自己的旅行社，经与同人商议，决定在上海商业储蓄银行的经营范围中增设一个旅行部。1923 年 8 月，经当时的北洋政府批准，该旅行部宣布正式成立。该旅行部成立之初规模小，员工仅五六人。在经历了开业之初的一段艰难之后，由于全体员工的不懈努力，终于赢得市场的信任。1924 年春，该旅行部组织了第一批国内旅行团，由上海赴广州观光游览。1925 年，该旅行部开始组织承办出国旅游业务，第一次组织了有 20 余人参加的赴日观樱旅行团。在历时 3 周的行程中，游览了日本的长崎、京都、东京、大阪等地。1927 年春，该旅行部编印出版了中国第一本旅行杂志，专门宣传祖国的风景名胜和自然风光。

1927 年 6 月，该旅行部决定以自己的名义申请营业执照，遂更名为中国旅行社。随着中国旅行社的挂牌经营，其内部组织机构也随之扩大为七部一处，所经营的业务范围也相应扩大。中国旅行社成立之后有过较大的发展，例如该社曾在全国各大城市设立办事机构，以及在新加坡、马尼拉、加尔各答等外国城市设立驻外办事机构。

在新中国成立前的旧中国，除了成立于上海的中国旅行社之外，还曾出现过其他一些以组织集体旅游为唯一业务的地方性旅行社，但所有这些旅行社的规模都不大。

除了旅行社的出现和发展之外，在类似今天的旅游资源开发工作方面也曾有人或机构在庐山、北戴河、鸡公山等地开辟和建设过避暑度假区。

综观新中国成立前的中国近代旅游业，由于当时的国情是外有列强侵略，内有政府腐败，加上连绵战败的战祸影响，中国的旅游业始终未能全面发展起来。尽管旅游业作为一个新的经营领域已经出现，但无论是从游客接待量还是经营规模上衡量，始终未能形成具有重要地位的经济部门。

2. 新中国现代旅游业的发展

现代中国的旅游是指中华人民共和国成立以后的旅游发展。新中国成立以来，现代旅游业的发展历程大体上可以划分为两大时期：第一个时期的起始时间是新中国成立至改革开放之前；第二个时期是改革开放后。

（1）改革开放前的中国旅游业

在新中国成立之后的前30年，生产力水平的落后和经济的短缺不仅严重制约了国人对旅游和度假的需求，同时也限制了社会各界差旅活动的规模，从而使国内旅游业缺乏发展的市场条件。另外，迫于当时所处的国际政治环境，旅游部门的任务主要是服务于我国外交工作的需要，承担接待国际友人来华访问的政治任务。所以，在这一时期，旅游部门的工作为政治性接待，而非商业性经营。

1949年新中国成立后，基于巩固新生政权、扩大统一战线和贯彻侨务政策的需要，华侨服务社作为第一家国营旅行社，于1949年11月在福建省厦门市成立，专门负责接待海外侨胞归国探亲和观光旅游。在此后的几年中，其他一些主要城市也相继设立了职能与之类似的华侨服务社。后来，这些服务社大部分更名为华侨服务社。1957年4月22日，华侨旅游服务总社在北京成立，服务对象也扩大为来中国内地访问的海外华侨、港澳同胞和外籍华人。从此，新中国旅游业从早期的公费接待少量观光团，发展到组织华侨及港、澳同胞自费回国或到内地观光、旅游、探亲。侨乡探亲旅游是初创阶段的主要旅游形式。

1952年，"亚洲及太平洋区域和平会议"在我国召开。由于这次国际会议的影响，此后来华公务和旅游的外国宾客逐渐增多。考虑到接待工作的需要，在周恩来总理的提议下，经当时的政务院批准，中国国际旅行社总社于1954年4月15日成立，并在上海、天津、杭州、南京、汉口、广州、沈阳、哈尔滨、大连、南宁、满洲里、南昌等地建立了14家分社。根据当时的规定，中国国际旅行社的任务是"作为统一招待外宾食、住、行事务的管理机构，承办政府各单位及群众团体有关外宾事务招待等事项；并发售国际联运火车、飞机客票"。当时中国国际旅行社的任务在于搞好对外政治接待，而非旨在营利。

为了加强对旅游工作的领导和管理，中国旅行和游览事业管理局作为国务院的直属机构于1964年成立。其主要职能是：①负责管理外国自费来华旅游者的接待工作；②领导国内各地国际旅行社及其直属服务机构的业务，组织我国公民出国旅行；③负责有关旅游事务的对外联络工作和宣传工作。

1971年，周恩来总理亲自部署召开全国旅游工作会议，提出旅游工作的方针是"宣传自己，了解别人"，并要求旅游部门的收入扣除成本开支后应有盈余。这次会议后，中国的旅游业才开始出现转机。随着中美、中日恢复邦交，不仅来自美国和日本的游客数量不断攀升，其他西方国家来华访问的人数也有所增加。由于形势发展的需要，中国华侨旅行社总社于1973年恢复，并于1974年更名为中国旅行社总社。

对于新中国这一时期的旅游业发展，可做如下归纳：

背景环境：新中国成立之后，巩固社会主义政权为第一要务，对外封闭锁国；实行计划经济，基础薄弱，生产力落后；经济短缺。

基本任务：服务于外交工作的需要，"宣传自己，了解别人"。

发展类型：有选择的入境旅游。

企业经营：不计成本，国家补贴。

产业规模：产业结构不完整，总体规模小。

政府干预形式：通过国营企业直接介入。

（2）改革开放后的中国旅游业

我国旅游业作为经济活动，则始于1978年实行改革开放之后。中国旅游业的发展逐步进入正轨，并开始了一个全面振兴的大发展时期。根据1978年以来中国旅游业的市场结构及演进过程，可将改革开放后的中国旅游业发展过程分为三个阶段：

①以入境旅游为主的发展阶段（1978年—20世纪80年代中期）

改革开放以后，我国的经济建设百废待兴，急需外汇支持。为此，我国选择了以接待入境旅游为优先的旅游业发展路径。对于国内旅游，当时的政策是"不提倡，不鼓励，不反对"。这主要是因为，当时我国的经济状况制约了国人的旅游需求，国内旅游从市场上尚未形成一定规模。因此，在这一阶段，选择优先发展入境旅游是现实可行的决策。在这一阶段，我国尚未将旅游业明确定义为经济性产业，入境旅游者的接待工作在某种程度上仍带有一定的政治色彩。

②入境旅游和国内旅游并行发展阶段（20世纪80年代中期—1997年）

我国国内旅游的发展始于20世纪80年代中期。此前，国内旅游没有得到重视和发展的原因：一是老百姓还没有从事旅游活动的经济能力，因此也就没有强烈的出游意识和需求；二是政府不提倡国内旅游，以便利用有限的资源来满足刚刚开始涌入的入境游客的需要，以赢得国家急需的外汇。

③入境旅游、国内旅游和出境旅游全面发展阶段（1997年至今）

随着国家社会经济的发展，满足人民群众日益增长的旅游需求引起了政府的高度重视。20世纪90年代中期，我国开始实行每周五天工作制，1999年又出台了一年3个为期一周的长假期政策。这些举措的主要目的之一，就在于鼓励公民的消费，促进国内旅游的发展，带动整个国民经济的增长。这对方兴未艾的国内旅游业来说，无疑是雪中送炭。虽然对长假期制度安排所产生的后果褒贬不一，但其重要的政策效果是长假期政策的实施改变了老百姓传统的消费观念，增强了旅游度假的意识，促进了服务业的大发展。应当说，国内旅游的发展改变了我国旅游业的格局，促进了旅游业从增加外汇的单一功能向促进国民经济和增加就业等多种功能转变。

20世纪90年代中期以后,我国旅游业发展又出现了一个新的变化,那就是出境旅游人数的不断攀升。应当说,这也是国民经济的发展,人民生活水平的提高和国家进一步对外开放的必然产物。20世纪90年代以来,国家出台了一系列政策,不断放宽出境旅游的限制,减少出境旅游的障碍,为我国公民出境旅游创造了良好的条件。虽然目前我国出境旅游仍处于初级阶段,但其市场规模正以惊人的速度增长。

纵观世界对我国旅游业发展变化的关注,如果说改革开放后的头十年国际社会普遍关注中国的对外开放,关注如何到中国来旅游,了解一个"神秘"的国度的话,那么,现在世界更加关注不断增加的外出旅游的中国游客,中国公民出国、出境旅游成为举世瞩目的"中国现象"。

不少权威的预测机构提出,中国人出境旅游的发展将改变世界旅游的格局。这也是世界各国竞相成为中国公民出境旅游目的地和下大力气针对中国出境旅游市场进行促销活动的重要原因所在。

1999年,国家对原有的法定节假日进行了调整。将五一、十一放假天数分别由原来的1天和2天增加到3天,并通过调整前后休息时间,形成了春节、五一和十一3个连着休息7天的长假,然后又变为春节、十一休假7天,五一休假5天。这种休假安排,为居民出行休闲提供了时间上的便利,为促进旅游经济的增长做出了积极贡献。

2008年,国家对原定的法定节假日进行了正式调整。第一,国家法定节假日的总天数由原来的10天增加到11天,使广大民众得到更多的休息时间;第二,增加了清明、端午和中秋3个传统节日,同时将春节放假的时间调整为从除夕开始;第三,允许周末上移下错,与国家法定节假日形成2个7天的黄金周(春节和国庆)和5个3天的小长假、1个5天小长假,增加了假日的次数,从而为大众出行在时间上提供了更多的可能,有力地促进了国内短途游的发展。

改革开放40多年来,我国国民经济保持着高增长速度,国家外汇短缺的现象发生了根本性转变。到2006年底,我国外汇储备超过了1万亿美元,名列世界前茅。作为一个发展中的大国,通过发展旅游赢得外汇收入非常重要,因为这是增加国家财富的重要途径,但是,现在增加外汇不再是发展旅游的唯一目的,通过发展国际旅游,让世界了解中国的文化和历史、认识现代化的中国和中国人民、改善和提高国家形象的功能显得更为突出了。

今天,在入境旅游方面,无论是年接待入境游客的数量还是外汇收入,我国均在亚洲名列前茅,在全球范围内也已排在前五位。这是改革开放政策实施以来坚持优先发展入境旅游所取得的重大成果。

我国的旅游产业结构日益合理,旅游业的功能日趋多元化,发展模式日趋正常,旅游业逐渐走向成熟。当前旅游业的发展，不仅有着明显的经济功能，而且有着重要的社会功能。旅游业的发展不仅能够增加收入、刺激消费、增加就业，还能够平衡地区经济发展，满足人们的文化需求，提高人们的生活质量，促进社会的和谐与进步。

我国旅游业面临着良好的发展机遇，有着令人鼓舞的发展前景。我们应正确评价 40 多年来旅游业所取得的成就，冷静分析旅游业发展的新形势。必须认识到，我国的旅游业发展依然面临着许多新的挑战，有不少矛盾需要认真研究和处理，其中包括如何科学地制定国家和地方旅游发展的战略与政策；如何处理好发展旅游所带来的多重影响，特别是负面影响；如何充分调动公营和私营两个部门的积极性；如何协调不同利益相关者的权益；如何促进旅游发展的国际合作；如何真正实现旅游业的可持续发展；等等。越来越多的实践表明，旅游业发展，不仅是经济问题，而且需要更加全面正确地去认识；发展旅游业，不仅是某个管理部门的责任，而且需要全社会的共同努力。实现从旅游大国向旅游强国转变的目标，需要付出长期、艰苦的努力。

第二节　乡村旅游与产业融合发展

一、乡村旅游的内涵

（一）地理空间范围

乡村旅游活动的载体必须是乡镇、村落和周边的自然环境，但是这并非指在村落与乡镇发生的一切活动都属于乡村旅游范畴，如村落与乡镇的游乐场、现代化疗养园区及主题公园等，这些都不属于乡村旅游活动。另外，城市化与小城镇建设出现了许多乡村吸引物旅游活动，这些也称作乡村旅游。按照这些界定，后期也有乡村旅游与城市休闲旅游的融合模式。

（二）活动内容

挖掘旅游的吸引物要围绕乡村自然、人文景观来进行，应依据传统旅游六要素进行乡村旅游产品的开发，可以按照体验营销方式将传统的观光变成动手去做或游客亲身参与体验。例如，北方乡村旅游接待者会将北方特有的传统加入其中，让旅游者参与包饺子等活动，这便是对乡村旅游产品进行综合开发的新思路。

（三）核心吸引力

乡村没有城市的便利性，如交通方面、基础设施方面，也没有什么消费的场所，但吸引旅游者的正是村落、乡镇和城市的差异性特征，乡村的空气、民风、生活方式、建筑、蔬菜瓜果及自然环境等，对城市旅游者都有着一定的吸引力，将这些因素组合在一起就有了吸引力，也就有了乡村性。有学者认为，乡村性与原真性几乎相同，经常将二者联系在一起。乡村旅游的原真性，以传统乡村为基础，维持原生态，包括民俗文化原生态、自然环境原生态、生产生活方式原生态，在这个系统中，人与人、人与环境和谐共生，旅游者所体验的是一种真实性的乡村状态。这里保护乡村环境原真性实质上是对历史真实"原状"的追求，并不是完整的"原状"。

王继庆认为，倘若以"乡村性"为评价的标准，则可以从广义和狭义上对乡村旅游的概念分别进行界定。其中，可以引申出两个概念：准乡村旅游和纯乡村旅游。准乡村旅游（如古村落、名山大川和小城镇旅游等非纯粹的乡村旅游）是广义上的概念；纯乡村旅游（如农家乐形式的纯粹乡村旅游等）是狭义上的概念。而乡村旅游相对应的概念是城市旅游。

本质上，乡村旅游是提供给旅游者一种或多种乡村体验和经历的机会，如对农家生活的体验、对民风民俗的追寻等等。

二、乡村旅游的特征

（1）位置性特征

乡村旅游活动的空间主要位于乡村地区，其涵盖范围从近郊到所有农村，甚至到最偏远的野外，都可以是乡村旅游的活动区域。

（2）乡村性特征

乡村性在乡村旅游中占有重要地位，它是乡村旅游最独特的卖点及基础条件。乡村性主要表现在三个层面：第一，乡村地域自然生态景观的体现，以乡村环境为依托，这也是明显区别于城市旅游景观的地方；第二，乡村地域独特的产业，这里包括的范围较广泛，有农业、牧业、商业、渔业、林业等，还包括乡村产业所体现出的乡村传统与现代先进的生产方式等；第三，乡村特有的文化特色，包括隐性与显性文化两种，利用乡村居民、传统生活、风俗节庆、乡土建筑、民间传说等多方面展现出来。

（3）客源的城镇性特征

乡村与城镇之间是相对立存在的，乡村旅游有着自己独特的吸引力，那就是乡村性特征，而乡村风景与风情的产生可以激发城镇居民对乡村旅游的热情。对全国乡村旅游所接待的全部游客数量进行详细分析可以看出，城镇旅游者都是近距离的旅游。但是客源城镇性特征，并非意味着乡村旅游接待的游客中城镇居民是唯一的来源，只是指主体为城镇居民。

（4）多样性类型的特征

第一，乡村旅游资源多种多样，极其丰富，既有乡村风景，如自然环境、田园风光及农事活动，又有乡土文化，保持着乡村的特色，如农业、民俗、民居文化等。都说"十里不同风，百里不同俗"，也正是应了这句老话。第二，旅游主体在需求方面的差异性让乡村旅游产品也具有了多样性的特征。乡村旅游开发也要满足城镇居民娱乐、度假、休闲、观光等多方面的因素，这样才能持续发展乡村旅游业。

三、乡村旅游的功能

（1）乡村旅游的经济功能

乡村旅游对于农民来说是增产增收的重要途径，可以就地转移农村剩余劳动力，是重要的农村产业结构调整方式，更加快了农村经济的发展。

（2）乡村旅游的社会功能

乡村旅游提供给都市居民与农村居民交流的平台，对改善农村经济发展与面貌起着重要作用。它能让来自不同地理位置、不同社会与经济地位的人互相接触，而游客的行为也会影响当地居民的行为与首选标准。乡村旅游具有展示城市文化生活、复兴优秀传统文化及激励教育等功能。乡村旅游能促进农村社会的不断进步，缩小城乡间的差距。从居民自身素质上，乡村旅游让人们养成了良好的生活习惯，改掉了陋习。旅游业能让人的交往变得密切，而游客和居民的沟通是最关键的一环。乡村旅游让居民变成了导游，提高了他们社会交往与语言的表达能力，更新了居民的思想观，让人与人之间的关系更和谐，让社区发展更稳定。

（3）乡村旅游的文化教育功能

乡村旅游在提供给旅游者农村文化活动时，也会相对促进农村文化的快速发展，同时也会为旅游者提供了解农业知识、农业文明与农业活动的机会。这一活动融合了科学、知识及趣味性，是综合一体的农业科普园地。

（4）乡村旅游的生态环保功能

乡村旅游的不断发展对生态环境的保护与改善有着较大的影响，它能够维护自然生态，提升环境的品质，更有利于自然生态的良性循环。

四、乡村旅游与产业融合

产业融合即不同产业与相同产业异种行业间的交叉、融合,从而转变为新产业的一个过程。

(一)产业融合的理念

产业融合是经济发展的趋势所在,也是现实选择,对传统产品的创新有着深远的影响,可以推动经济一体的发展进程。产业融合发生的前提条件是发生产业融合的产业,相互之间具有一定程度的产业关联性。产业融合的结果就是改变了原产业内的竞合关系,使产业界限模糊化,甚至重构产业边界。农业与其他产业融合表现在:农业与现代信息及工业的融合。

以现代发展理念为指导,以现代科学技术和物质装备为支撑,运用现代经营形式和管理手段,贸、工、农紧密衔接,产、加、销融为一体的多功能、可持续发展的产业体系,实现农业与现代服务业的融合,如与旅游业的融合。农业旅游活动的空间范围广阔、游客容量大、景点分布相对分散,能较好地解决当前国内旅游业所面临的资源局限和空间局限的困扰,为旅游业的发展提供新的立地条件。如今学者们在对农业旅游进行研究时,主要集中于观光农业的旅游方面。

(二)产业融合的意义

学界之所以对产业融合有着热切的研究,是因为产业融合对产业升级与演化有重要意义。

在现在的社会发展形势下,产业融合是提高企业生产效率和组织竞争能力的新型发展模式,有助于推动传统产业创新,促进产业结构优化,提高产业竞争力。产业融合的发展是适应环境自发融合的结果。内需产业融合加之经济的促进,形成优化态势,因此,其意义如下。

第一,产业结构的高度化发展。产业结构的高度化也是高级化,是产业将重点放在三产转移上,是产业要素的转移。产业结构上的高度化发展常造成其他产业收入、产值等比例的变动。产业融合给传统产业引入新的生产要素,同时建构出新的生产函数。新技术、服务产业的渗透与延伸为传统产业和衰退的产业植入价值增长点,延缓了它们的生命周期,让产业焕发活力。产业融合用新的形式为传统产业带来了增长方式,为产业结构的高度发展创造了新内容。

第二,创造竞争新业态。产业融合实现产业链的融合,让多个分离产业以协作方式产生新产品和价值链。融合产品还具有原功能与价值,能满足人们日益增长的需求。这种新业态有着高额利润空间和发展空间。

第三,在生态位角度促进资源配置,让传统产业与新兴产业资源共享。产业分支的细化让企业不占有所有生态位,因此做出选择。然而产业由分立转向融合,让其边界变得模糊,为产业的发展提供了资源的空间。

(三)乡村旅游产业融合

1. 乡村旅游产业融合的概念

乡村旅游产业融合属旅游业融合的分支,乡村旅游业有着旅游业的共性,但又承担着社会、人文与环境效用。所以,要对乡村旅游业融合发展的特点与概念进行分析。

马建认为在产业融合的类型中,发生在产业边界之内的融合是虚假的融合。但是旅游业自身有着极强的延展性,时间跨度较大,更有着模糊的产业边界,所涉及的范围也较广。所以旅游业有着自身的特殊性质,不能用跨产业融合概念来界定它,这样会有失偏颇。从旅游产业融合内容和方向进行分析,融合的场面可分为宏观、中观与微观,也可以说是大、中、小三个方面的融合。

小融合是以市场需求为指导,在旅游业内部各环节中的融合;中融合以提升效益为指导,与其他行业的吸收与影响,最终两个行业均会受益;大融合以一体化产业做指导,以旅游业做引线,联系主导带动次产发展,以促进经济发展。即利用旅游产业模糊边界,与其他产业相融合。

2. 给旅游研究提供新视角

传统的旅游产业只停留在综合产业的层面之中,其实这只是笼统的认识,并非成熟的理论框架,造成旅游产业模式与结构演化于有效的指导,缺乏实践意义,没有在整体上进行归纳。以产业融合为主的旅游模式与轨迹有了立体的展现,旅游产业需要有一个导向,其产业链的构建主要围绕旅游的需求。从社会学角度进行分析,旅游属于社会活动,关联较多的部门,因旅游需求的动态与多元性,让其系统变成开放性,产业边界动态化,所以具有天然融合性,其表现在旅游与其他资源、产品、市场、组织的融合。

旅游产业的外延因产业融合而丰富,产业融合以全新的角度诠释了旅游产业的内涵,拓展了旅游产业的框架,脱离传统以发散思维方式给旅游产业注入模式,为旅游的发展提供外部资源。

产业融合让人们更深入地认识了旅游业,以模块概念对其功能做出了解释。旅游产业独特的融合与模糊边界,从模块化方向阐述了旅游业务融合产业价值链与其他产业融合的过程。这种认识对旅游产业融合发展过程有了更好的解释，也提供了旅游突破狭窄业务的范围，使旅游业更易融合于其他产业价值体系之中。

第三节 乡村旅游资源分类与产品开发

一、乡村旅游资源的内涵

乡村旅游资源作为可利用的原材料，是可以吸引旅客产生社会经济综合效益的物质与非物质的吸引物。所以乡村旅游资源指具有吸引力，可吸引人们离开常住地进行乡村旅游的所有乡村特性的事物，它可以是物或自然环境，也可以是文化或社会环境。而此处所指的是生态环保较好的给人以美好享受的旅游活动客体，它包括农业生产、人文遗迹、农民生活、自然风光、民俗风情等资源。从乡村旅游内涵进行分析如下。

（1）必须具有旅游吸引力

乡村旅游资源必须具有旅游的吸引力，而非文学吸引力或其他方面的，这种吸引力可以让游客离开常住地进行空间移动，它是乡村旅游资源的核心。

（2）必须具有乡村特性

乡村特性指乡村特有的、区别于城市的因素。乡村特性是旅游资源吸引力的独特卖点和核心，但是并非一切乡村地区的旅游资源都有"乡村的特性"，如在乡村修建的主题公园、乡村新建的高楼与生产线等都非本书界定的旅游资源。至于乡村别墅更不是乡村旅游的资源范畴了，它们只是接待设施。

（3）必须具备有形载体

乡村旅游资源可以是有形的或无形的，但无形的乡村旅游资源应有载体才可以，否则无法吸引大众参与乡村旅游。例如，"乡村文化"应有服饰、歌舞、音乐等有形物质为载体加以展现或表达，才能叫作乡村旅游资源。若找不到有形的载体让游客感知，就不成为乡村旅游资源。

事实上，在特定时空内，传统和现代的、开发与未开发的乡村旅游资源常相互融合，无法区分，同一旅游目的地的资源可能是传统的，也可能是现代的。所以，旅游资源的相融也决定了其资源内涵的复杂性，但不管从哪个层面分析，其内涵都是在一定程度上有着可被开发利用、吸引游客、产生经济效益的共性，并与旅游资源内涵有相融的特征。

二、乡村旅游资源的特征

（一）人与自然的和谐性

乡村旅游资源与其他旅游资源相比，表现为人与自然的和谐，是长期发展中乡村居民与周边环境相互影响与作用形成的旅游元素。基于旅游资源在乡村景观形成中，可看作是人与地理环境协调与磨合的过程。人若顺应了自然发展规律，并遵循生态发展需要，实现人与自然的协调，这一区域就会受惠于自然，让乡村社会经济更和谐；若人违反自然规律，开发利用资源时对生态环境造成破坏，就会受制于自然造成环境的恶劣。就是这样反复、长期的磨合，让景观发展与自然规律相协调，让农村旅游资源成为人与自然和谐的产物。反之，乡村中人与自然环境在历史中的改造与适应，最终塑造出的景观是人与自然和谐的表现。

（二）乡土性

在我国，乡村地域多种多样且非常辽阔，一般地区都保持着原始风貌，如古朴的村庄作坊、真实的民风民俗、特色的农副产品等。这种特定地域中的"古、真、土"，有着贴近自然的乡土优势，能给旅游者提供回归自然的优越条件。

（三）广泛性

全球中，除了沙漠、高山或极寒之地人无法生存外，其他地区都有人类居住。这些地域的居民在农、林、牧、渔等产业中广泛开展实践活动，对自然加以改造，在不同地区中人们经过努力，在自己的居住地创造出各种乡村景观。这些景观遍布世界的每一个角落，但大多数已成为乡村旅游资源，为当地旅游发展提供了基础。因此，乡村旅游资源空间的广泛性是基本特性之一。

（四）多样性

乡村旅游资源的组成成分是多样的，包括自然环境因素、客观存在的物质成分和精神文化等成分。所以，旅游资源元素与元素组合的构成是较复杂的，形成了资源丰富、类型多样的本质特点。以形态分析，旅游资源既表现在牧村、渔村、农村和林区等类型的景观上，又表现在村落、集镇等不同聚落类型的景观中，还显示在各种地域民族风情的景观上。故而，多样性也是乡村旅游资源的本质特点之一。

(五) 地域性

从乡村旅游资源组成上得知,其资源与当地自然、社会环境紧密相连。因环境因素各异,乡村旅游资源显示出景观类型的差异性。以气候为例,气候带的不同造成区域相应农业带的不同,组成各种乡村旅游资源。如民族、人口、历史、宗教、文化等要素共同决定了各地区环境间的差异,成为民俗文化的立足点。如民族礼仪、服饰、信仰等元素,让民俗文化有着不同的地域特点,因而让乡村旅游资源表现出地域性。所以,各地区社会与自然环境的不同决定了资源突出的地域性特点。

(六) 相融性

乡村旅游资源的相融性指人与自然环境长期作用形成的乡村旅游资源,可以看成是自然与人文环境要素融合形成的复杂又和谐相融的综合体,对资源组成要素来说,一切变化都会造成相应的景观发生改变。因此,乡村景观应遵循自然规律,受社会规律的影响,乡村旅游资源其实是庞大且复杂的资源系统。所以,整体性与相融性是各地区乡村旅游资源的共性。

(七) 生产性

乡村是农业生产生活的直接载体,所以其资源具有旅游功能和生产功能,乡村旅游资源开发不能失去它的生产性能,同时要改变农村的生产方式,增加农产品的商品附加值,有效提高农村的经济效益。此外,乡村旅游带动农产品生产加工及手工艺品加工工业的发展,促进农村产业结构的多元化,为农村经济发展注入了新活力。

(八) 季节性

乡村旅游资源有着季节性特征,一方面,与旅游资源的季节性相关,即人在一年之中的生产、生活遵循季节规律决定了其资源的季节性;另一方面,与旅游资源的自然属性相关,表现为资源开发利用促进乡村自然环境、生活形态、农业生产内容都按季节演变表现出明显的周期性。因此,自然环境与人文活动共同引起乡村旅游资源遵循季节变化规律。

(九) 民族性

在乡村旅游构成中最重要的元素就是民族文化,它体现着乡村旅游资源的灵魂。各民族都在发展中演化出其独特的文化,随着信息交流的频繁,各城市地域中民族文化多多少少都融合了其他民族的元素,从而让现代区域都体现出多民族文化交融的发展趋势,让原有民族文化有了变异。而在乡村区域中，区位的偏远、信息与交通的不畅，使地区民族文化有了很好的传承，有着传统性与独立性。这些原汁原味的民族文化，为乡村旅游资源增加了独特的魅力，因此在乡村旅游资源中民族性特点最突出。而在一定程度上，民族性与当地资源吸引力间有着正相关的关系。这一特点体现在边远地区少数民族乡村的浓郁民俗文化之中。

（十）生态性

城市高度工业化与生态环境严重破坏，而乡村因地理与交通的限制，不被外界干扰，依然保存着很好的自然环境，维持着生态平衡，这些都带给乡村旅游资源生态的特性，其独特之处就是旅游者在原生态环境下参与各种体验活动。

三、乡村旅游资源的分类

（一）乡村旅游资源分类的原则

同质原则。同一类型乡村旅游资源的组成成分、景观功能、景观外部的特征与内部结构都要保持一致，而与其他类型资源相比有着较大的差异性。

发生与演化一致性原则。同类乡村旅游资源形成中社会与自然环境有着相似的特征，它们应有共同的演变规律与发展过程。另外，同类乡村旅游资源分布、今后文化发展方向、今后经济发展方向等方面的发展方向也要大体一致。

同时性原则。乡村旅游资源有着季节性与地域性特点，每一个季节都会有不同的景观，有时也会在短时间内发生大的变化。所以，乡村旅游资源在分类，或与不同类乡村旅游资源加以比较时，应遵循同时性原则，真实反映不同类乡村旅游资源的特征。

（二）乡村旅游资源的分类

按照上述分类原则，可以把乡村旅游资源大致分成三大类型：农业景观类、聚落景观类、民俗文化景观类，再按各景观内部差异做进一步细分。

农业景观类可细分为五大类：第一类，田原风光，包括水乡景观、旱地景观、梯田景观；第二类，林区风光，包括森林景观、种植园景观；第三类，渔区风光，包括海洋渔场景观、淡水渔场景观；第四类，草场景观，包括草原景观、草山草坡景观；第五类，城郊景观。

聚落景观类可细分为两大类：第一类，集镇景观，包括商贸型集镇景观、工业型集镇景观、行政中心型集镇景观、交通型集镇景观、旅游型集镇景观；第二类，村落景观，包括农村、牧村、渔村、山村、副业村。

民俗文化景观分为传统民居、传统服饰、传统饮食、娱乐、民间文艺、节日庆典、礼仪、信仰。

四、乡村旅游产品开发的原则

在乡村旅游项目开发中，应注意协调好开发和保护间的关系，这也是首要问题。一般来讲，乡村旅游产品的开发活动要坚持以下几项原则。

（一）保护优先原则

乡村旅游开发的前提必须是乡村旅游资源的保护，如果没有资源优先保护的原则，在经济利益不断的驱动下，就会造成景观破坏和景观差别的缩小，甚至消失。而旅游资源在开发的过程中本身会造成损耗，需要对旅游资源及其依附的环境进行保护。在乡村旅游开发前必须明确保护旅游资源和周围环境的重要性，必须认真进行可行性论证，并采取切实有效的保护措施，防止乡村旅游资源景观和环境的破坏。

（二）科学管理原则

科学管理旅游开发活动能减少对资源与环境的影响，也是有效的手段。按照各区域的不同景观敏感性加以分区管理，以先进的技术手段处理旅游活动带入乡村旅游景区的能量与物质。在乡村旅游活动管理上，应采用制订环保与传统文化保护和建设规划、建立环境管理系统、开展环保科学研究、强化法制观念、健全环境保护的制度、加强旅游者和当地人的生态意识等对策，对乡村旅游资源进行有效科学的管理。

（三）生态经营原则

生态经营的原则要求旅游开发经营尽可能少地带给生态系统额外的能量与物质。对乡村旅游的开发，不鼓励大兴土木，只提供质朴自然、因地制宜的旅游产品，以可持续发展旅游为理念对旅游资源进行长期有效的利用，尽量减少旅游业对当地生态环境产生的负面影响，制定旅游资源保护措施的同时，计算旅游区的环境承载力，有效控制景区瞬时容量和日容量，有效控制环境污染和生态破坏发生。

（四）法制监控原则

管理部门应对环境严格管理与保护，按照地域性特点建立健全的规章制度，再按照谁主管谁负责的原则进行分层、分类、分范围的管理，明确管理的职责，配备专业人士进行监督，以此加大对乡村旅游管理的监控力度。对于旅游资源的经营者，要树立旅游法律意识，在法律允许的范围内规范科学经营。旅游者与社区居民作为直接参与者和监督者，应树立法治意识和资源保护意识，自觉规范个人旅游行为。

五、乡村旅游产品开发的要点

（一）加强乡村旅游产品的内涵建设，提升旅游产品的品质

我国乡村旅游产品以民俗产品、采摘园、农家乐、乡村观光等初级旅游产品为主，参考国外经验，这些并不是乡村未来发展的主流趋势。乡村旅游未来的发展方向应以康体娱乐与休闲度假为主，因此未来产品的升级转化，如分时农业、第二住宅等产品会越来越吸引人们去乡村度假。当然，采摘园与民俗村等形式可作为接待基础设施长期存在，怎样提升服务形象与质量是关键问题。应该引导乡村旅游和周边景点联动发展，丰富旅游线内容将旅游者滞留时间延长，形成产业集群效应。另外，与乡村旅游发展的新局面相结合，应适当引入新型产品与产销体系，如农业超市、动物农业等，利用交通、信息、经济、科技资源的优势取代土地等自然资源劣势。

（二）细分乡村旅游市场，深化乡村旅游基础建设

深入研究旅游市场，利用旅游者的社会属性、行为、偏好等特征对市场进行细分，并对其进行专门的营销。随着信息化时代的到来，人们出行前大多依赖网络信息对目的地与行程进行信息查找与安排，所以乡村旅游市场细分需要通过发达的网络工具获取基本信息，利用网络营销，改变乡村旅游落后的局面，建设乡村旅游信息平台，优化网络基础设施的建设，拓展旅游市场份额。目前，乡村旅游以自驾车等自助式出行为主，自助游更依赖于网络信息，因此决定了信息平台的强大以支撑这一需求。而我国乡村网络服务对旅游的供给和需求极其不匹配，所以应在短期内加强与信息部门的合作，建设全面的乡村旅游网站体系，形成信息网，一边对乡村旅游加以展示，一边加快信息更新与在线服务的速度，并在大型门户网站建立旅游频道。除了网络等基础设施建设，还应发展乡村民宿，完善旅游道路设施、餐饮设施建设，健全乡村旅游服务系统，保障乡村旅游活动能够顺利进行。

（三）突出产品优势，打造乡村旅游品牌

旅游是体验经济的产物，品牌是旅游体验的灵魂与基础。乡村旅游品牌建设能增强游客对乡村旅游产品与服务的感受度与认可度。乡村旅游品牌富有个性与内涵，可以充分调动旅游者的感官，能强化体验者的心理。打造乡村旅游品牌也是解决乡村旅游产品与服务

同质化趋向问题的最好方式。我国现有乡村旅游产品大多以初级乡村旅游产品为主，相比于国际水平还有较大的差距。高端乡村旅游产品应在保持乡土气息的基础上发展乡村度假旅游、休闲旅游、生态旅游、事件旅游、自驾游、主题农庄、特色乡镇等旅游形式，把握大众旅游热点。我国度假旅游产品在国际上竞争力不强，国际主流产品是温泉度假、乡村度假、海滨度假、冬季滑雪。在海滨度假上不如夏威夷、巴厘岛等地区有竞争力；温泉度假上比不过日本；山地滑雪也比不过北欧和加拿大，但是乡村度假方面却有着绝对优势。

我国乡村旅游发展较好，有着较高的国际知名度，如北京、杭州、上海、成都等地，它们能提炼出优秀的乡村旅游品牌，建设国际产品，既服务于居民，又是观光旅游，还能开发中远程市场，对国际旅游者产生吸引力。这样的目标已在云南的香格里拉出现了成功案例，如悦榕仁安藏村度假村。

（四）加强对从业人员的培训，提高整体素质

乡村旅游从业人员和投资者大多是农民，乡村旅游健康发展需要提升从业人员的整体素质，避免村民为争夺客源，对游客兜售、强拉客等对旅游环境与景区秩序造成破坏现象。因此，需要加强经营者、从业人员与村民的培训与教育。第一，旅游经营者应自觉对从业者进行民俗文化、农业科技、旅游接待、职业道德、经营管理等方面的培训，提高他们的技术能力与水平。第二，旅游管理部门应以组织和举办专题讲座、学习、考察等多途径对乡村旅游经营者加以培训，提高经营者的综合素质，保障乡村旅游向科学化、规范化的经营与服务方向发展。第三，企业应与政府合作，适当引进旅游专业人才，提高乡村旅游经营的水平和质量。

（五）制定乡村旅游服务标准，保证服务水平

乡村旅游发展也需要按照旅游行业标准规范运营，但是按照旅游行业的标准规范进行时，在一定程度上可能会丧失乡村旅游的本来面貌和特色，失去乡土气息。因此，乡村旅游资源作为专项旅游资源，行业内须制定乡村旅游服务的标准与规范，既要保证乡村旅游服务水平，同时又不能丧失乡村旅游的本来面貌。应完善乡村旅游行业分类的标准，从接待能力、条件、设施与卫生状况等方面对村民自经营或者外来投资经营者的接待服务标准加以规范，以提升乡村旅游接待水平和服务质量，促使经营者形成"合法经营，诚信服务"的观念，这样才能有利于乡村旅游形象的建立和品牌化经营，有利于乡村旅游资源的永续利用和可持续发展。

（六）维护乡村原始风貌，增强游客认可度

乡村环境的独特性是乡村旅游的吸引力所在，乡村旅游开发要发挥其生态农业特色与民俗文化特点，展现乡村的"真味""原味"，保持原始的农村风貌与传统的社会风尚，保持淳朴率真的自然秉性，这才是成功的乡村旅游资源开发。不管是产品与服务，还是体验活动的设计，不管是村庄，还是农家民俗住所，特有的格调与情趣应保持原汁原味，避免发展中产品与服务的城市化和失真，导致丧失其原有的吸引力，得不到游客的认可，这样会逐渐丧失客源，造成经济损失。

（七）建设乡村旅游品牌，提高市场辨识度和竞争力

体验经济时代，旅游品牌是旅游体验的灵魂和基础。乡村旅游资源的开发和品牌建设无疑可以增强乡村旅游产品的市场辨识度和竞争力。首先，乡村旅游品牌建设应注重乡村旅游的特性和内涵建设，除了产品名称、品牌标志、商标等外在标志的独特设计，在品牌决策上，应根据经营特点使用个性化的决策，这样才能在市场竞争中脱颖而出。其次，用高品质的服务来支撑品牌形象，规范从业人员的服务行为，在服务水平、广告宣传、促销活动、竞争行为、公益活动等方面展示其良好的服务和素质。最后，对品牌进行有形展示，有效的品牌展示能够突出乡村旅游产品的特色，使其服务变得有形化、具体化，设计乡村旅游区标志、规范服务行为、美化旅游环境和开展促销活动，都是对品牌的有形展示。

第四节　农业经济与乡村旅游协调发展策略

在乡村振兴背景下，大数据技术的应用有助于农业经济与旅游的联合发展，能以全新的发展理念加速新农村建设步伐，帮助农村建设文化品牌，促进乡村产业升级，改善农村地区的落后面貌，实现农业经济升级改造。

一、完善农业基础设施，促进乡村产业升级

为了实现农业经济与旅游联合发展的目标，应完善农村地区落后的基础设施，促进产业转型升级，在区域内创建健全的产业结构，满足消费者的旅游需求。一是完善农业基础设施。利用大数据检查基础设施情况，寻找建设短板，有的放矢地开展投资建设，扩大服务面积。同时，引入滴灌、喷灌等技术，创建无公害绿色生产基地，为游客提供观光、采

摘与休闲一体化服务，建设现代化乡村游网络。二是发展绿色生态农业。从农产品生产、加工与销售等全链条着手，将绿色农业与当代旅游有机结合起来，在保护生态环境不受破坏的情况下，大力发展绿色农业。在产品物流方面，可通过大数据确定交易时间，提供精准的物流服务。以绿色有机食物生产为例，农户可凭借大数据系统掌握农药量、土地应用情况，由此选择最宜种植的基地，这不仅有助于发展特色农业，还能对农作物长势了如指掌。例如，广宁县作为国内绿色发展的典型代表之一，以"双有机"为引领开展绿色产业建设工程，以当地竹笋和石螺两大主导产业、精品水果产业为中心，建设了32个"双有机"产业发展示范点，开发有机竹笋、有机"深坑石螺"等深加工产品，促进产业链条延伸；还额外建设了194家农家乐、40家农村电商，借助网络技术与大数据吸引全国各地的游客，真正实现了乡村产业的升级目标。

二、建设大数据服务平台，完善联合发展体系

当前，大数据技术逐渐渗透到旅游行业中，并在乡村旅游领域逐渐成熟。可借助该项技术创建服务平台、数据库以及云旅游平台等，使农业经济与旅游之间优势互补、相互促进，取得双赢的结果。具体措施如下。

（一）构建农业经济与旅游数据库

农业生产具有季节性特点，乡村旅游旺季常常与农业生产时间相同，导致旅游发展受到一定阻碍，进而影响经济收入。对此，应创建大数据服务平台，形成农业经济与旅游数据总库，充分发挥大数据与云计算的技术优势，依靠大数据信息对农业经济结构、旅游资源开发进行优化，避免二者发生冲突，从而更加适应农产品市场、提高旅游竞争力。根据大数据分析研究的结果，在乡村旅游中有35%的游客为亲友推荐而来，有28%是看到媒体广告宣传后慕名而来，有19%的游客是通过乡村游活动推广而来，剩余为其他渠道而来。可见，大数据在游客来源统计方面作用显著，可以此为依据发现宣传推广方面的漏洞，使宣传渠道得到进一步拓展。

（二）建设信息服务平台

可借助该平台将农业生产、乡镇特产、现代物流等整合起来，并与当地知名企业建立合作关系，使企业与村民联网交流、相互促进，提高农产品与乡村旅游的对外吸引力；依靠该平台还可对乡村交通、卫生环境、教育和医疗等领域进行优化，根据旅游业的发展需求完善相应配套服务，使该产业得以拓展，助力农业经济的发展。

（三）打造云旅游平台

在大数据技术的支持下，打造云旅游平台，可以充分体现乡村旅游的特色，并以此为基础发展观光农业，从而吸引更多游客。例如，在旅游种植业发展中，可依靠该平台引进优质瓜果蔬菜、观赏花卉等等，再借助现有科技提高农产品的观赏价值；创建丰富多彩的旅游园区，为游客提供果品品尝、采摘等服务，使游客获得深刻的旅行体验。

此外，还应借助云旅游平台逐渐扩大农业生产规模，借助网络渠道加大景区宣传，缓解村民就业难问题，并带动乡村地区科教文卫事业的共同发展。

三、注重乡村旅游文化开发，加强文化品牌建设

乡村地区文化本身便是独特的旅游资源，在大数据背景下，要想促进农业经济与旅游的协调发展，势必要重视乡村旅游文化资源的开发与保护，以文化资源作为新产业发展的重要抓手来带动农业经济发展。为使更多群众了解并认可当地的农业资源与文化，还要建立自己的文化品牌，提倡绿色生态游，从而吸引全国各地的游客，为乡村振兴发展打下坚实基础。

（一）科学开发农村旅游资源

当前人们的物质生活质量逐渐提升，开始追求精神文化，希望通过体验传统生活，放缓生活节奏，使身心得到放松。乡村旅游的产生充分满足了当代人的精神需求，并在大数据的辅助下为其提供更加绿色舒适的生态游体验，使其亲身体会农业生产、收获的乐趣，能够充分接触大自然，返璞归真。例如，在农业旅游资源开发中，可利用大数据分析该地区的环境情况，如污染程度、承载力等等，本着因地制宜、适度开发的原则，实现乡村旅游的可持续发展。

（二）注重文化资源保护

虽然乡村文化资源众多，在旅游中发挥着重要作用，但应利用大数据动态监测，禁止盲目开发和使用，要树立强烈的资源保护意识，并结合当地的具体情况健全相应的保护机制。例如，一些以生态植物、传统建筑为旅游特色的村落，在资源开发期间，应坚持保护性开发原则，每天控制景区人数，定期对古建筑进行修缮保养。针对在景区内随意刻画、损害动植物的行为，应严厉追责。同时，还应尊重当地的风俗，传扬当地的特色文化，借助大数据交流平台向村民和游客宣传文化保护的意义，确保乡村经济可持续发展，逐渐扩大旅游村镇的知名度与影响力，使旅游业能够长久稳定地发展。

（三）加强文化品牌建设

为了提高某村镇的市场知名度，使其在众多村镇中脱颖而出，获得更多游客的关注，必须加强文化品牌建设，这样才能拉长农业经济链条，使农业生产、经济与旅游有机结合起来，将文化品牌推广到世界各地，吸引全国乃至国外游客慕名而来。以苏州阳澄湖农业度假区为例，该区盛产大闸蟹，农业方面以油菜花、葵花种植为主，来此的游客还可欣赏牛打水文化演出，尤其是阳澄湖大闸蟹闻名中外，以独特的旅游品牌展现当地的农业文化与特色产业，充分实现了农业生产与旅游的联合发展。

四、吸收和借鉴国外的经验，推广多元乡村生态游

在农业现代化建设方面，发达国家比我国起步早，日本、澳大利亚等国家农村生态旅游模式已经非常成熟，但不同国家的发展模式有所区别，要按照本国国情与乡村发展实际，创造出多元化乡村生态旅游新模式。我国的农业经济与乡村旅游业发展，可以吸收和借鉴国外的经验，并与本土特色相结合，形成符合国内实际情况的新型发展模式，具体建议如下。

（一）借鉴澳大利亚的经验，推广自助游

澳大利亚在地理位置、气候条件等方面占有独特优势，存在大量古老珍稀物种，吸引了大批游客前来观赏。与之相比，我国虽然物种条件没有过多优势，但可借鉴该国为乡村与游客自助游建设的相关设施，如特色旅馆、停车场以及交通设施等。我国可开设试点型旅游景点，为游客提供全方位自助式体验服务，使旅游更加自主多元，为游客带来更加自由轻松的观赏体验。这种方式也值得在更多地区推广应用。

（二）吸收日本的成功经验，推广体验式和教育式旅游

当前，日本的乡村生态游事业发展较为成熟，陆续推行了艺术式、体验式、教育式、艺术式旅游。其中，艺术式旅游代表的是农作物或者土地绘制艺术图像，如大地艺术祭，属于日本早期推行的"一村一品"活动的精华所在。体验式代表的是游客可与当地农民一同下地种田，亲身体验春天播种、秋天收获的乐趣。此种旅游模式值得我国农村地区吸收和借鉴，且我国国土面积广阔，可根据乡村的实际情况创建多个体验区，各个体验区性能不同，但彼此联系，如临水区域可创建垂钓、捕鱼、划船体验区；果园可设置自主采摘、餐饮区等等，为游客提供更加丰富多彩的旅游体验。教育式旅游主要面向中小学生群体，将学生从课堂中释放出来，使其投入大自然的怀抱中，亲身体验自然生活，有助于积累生活经验，习得更多课本以外的知识。我国同样可借鉴此种模式开展乡村旅游事业，且我国

历史悠久，此种模式可帮助中小学生回顾历史，正确认知国家发展史，体验先辈的生活方式，从而忆苦思甜，更加珍惜眼前的美好生活。在实际开展中，以延安地区为例，可依靠红色文化进行旅游宣传和教育，在农村地区设置符合历史的红色设施，引导学生感悟历史，培养学生的爱国精神。

第五章　大数据时代下区域农业经济精准发展探索

借助大数据理念与相关的技术、运营模式，能够以科学、多样的生产管理方式，进一步提升耕地、播种、施肥、收割、存储、育种等多个环节的操作效率，加快农业的信息化转型和现代化发展。而在此基础上，不断促进大数据运营与本地优势农业资源的整合，打造开放式、智能型、集约化的精准发展新业态，从而充分撬动区域农业经济自我造血、创新发展的内生力。

第一节　区域经济理论与中国区域差异

一、区域经济理论

（一）区域经济学学科概述

1. 区域经济学是否归属经济学

长期以来，只考虑时间维度而不考虑空间维度一直是主流经济学的一个突出特点，即便翻开当前最流行的经济学教材，也很少能看到有关空间与区域的只言片语。现代主流经济学思想体系与理论模型总是默认空间是均质和无差别的，因而无须加以考虑。这种回避或高度简化的处理方式，并不是因大意造成的偶然事件，更可能是现有研究体系中存在的系统性偏差。现代区域经济学之父艾萨德指出，经济学分析是在一个没有空间维度的空中楼阁中进行的。

经济学研究对区域与空间的忽略在很大程度上与现代经济学研究的模型化发展趋势紧密相关。现代经济学越来越成为一门建模的学问，其研究方法越来越模型化、工具化，只有可以模型化的思想才会得到垂青。空间长期未能真正被纳入主流经济学的研究框架，一方面是由于空间经济学的先驱没有用模型化的方法来表达他们的思想；另一方面是因为经济活动在空间中的聚集本质是一种收益递增规律的表现，而收益递增比规模收益不变或收益递减的主流经济学思想更难以模型化，因此经济学变得越来越模型化，具有许多科学思想和重要观点的空间经济学理论因不能满足现代经济学的模型化要求而被排除在主流经济学研究之外。

现代经济学仅仅是时间一维的经济学。近年来，以保罗·克鲁格曼为代表的新经济地理学者，在迪克西特-斯蒂格利茨垄断竞争模型的基础上，采用收益递增-不完全竞争的建模技巧，建立了以中心-外围模式为核心的区域模型、以城市层次体系演化为中心的城市模型、以产业聚集和国际贸易为代表的国际模型，从空间的定量化、模型化的角度将空间研究纳入主流经济学的研究框架，从方法论上使得空间研究成为现代经济学家掌握的建模技术可以处理的领域。1999年，藤田昌久、克鲁格曼和维纳布尔斯合著的《空间经济学：城市、区域与国际贸易》是空间模型研究的集大成之作，以此为基础，经济学界兴起了空间经济学的研究浪潮。

一般来说，经济学原理需要回答生产什么、怎样生产、为谁生产这三大问题，对于在哪里生产这一问题，传统经济学则没有回答。而毋庸置疑的是，在哪里生产非常重要，而要回答这个问题，就涉及区域与空间。胡佛也将区域空间经济学归纳为"何事，在何地，为何，以及应该如何"这样一个问题。何事，涉及每一种经济活动，包括各类企业、家庭、私人机构与公共机构；何地，指与其他活动有关的区位，涉及毗邻、集中、分散、空间模式的相似性与差异性等问题，而这类问题既可在广义的区域层次上进行讨论，也可从微观地理学的角度，就地带、地段或地点进行讨论；为何，以及应该如何，则是经济学家在其能力和胆识的某种弹性限度内对区域问题所做的种种注释。

资源总是稀缺的，最优化是经济学最常讨论的话题之一。在哪里生产、稀缺资源如何在空间实现优化配置就需要区域经济学者来回答。

2. 区域经济学研究内容

可以认为，区域经济学的研究内容为资源在区域空间的优化配置与空间要素使用的最优化问题。

区域经济学从古至今都在研究资源的区域优化配置问题；资源的区域优化配置也即资源的空间优化配置。在计划经济时期，资源在区域间和区域内的配置由计划决定，而计划决定的依据是区域的资源禀赋、运输条件和协作条件。计划主要靠中央计划投资政策实施，中央政府投资很大程度上决定了资源和要素的流向以及区域经济发展水平。中华人民共和国成立以后，中国的经济学界以及政府首先借鉴了苏联生产力布局学的基本思想，引进了均衡生产力布局及地域经济综合生产体的理论，形成了中国的生产力布局学，并以此来指导中国区域经济发展的实践。在市场经济条件下，资源在区域间和区域内的配置，主要依赖市场经济机制，地区资源禀赋是资源配置的基础，市场机制是实现优化配置的手段，在看不见的手的作用下，各种资源与要素在区域间与区域内自由流动；厂商是资源空间配置的主体，厂商在利润最大化的指引下，选择具体区位投资设厂，引导资源空间配置的方向。当然，在市场经济时期，政府仍然是资源空间配置不可或缺的主体，因为市场的资源配置方式存在影响配置优化的障碍，一方面，资源、要素和各种商品、劳务存在不完全流动性，如资本、劳动力的区域流动存在制度、政策和文化障碍，这将使得市场机制在区域资源配置优化中的作用降低；另一方面，市场机制可能出现失灵，需要政府调节，否则将出现核心区与边缘区区域差距扩大等问题。

将空间要素使用的最优化作为区域经济学的主要研究内容是本书的一大特点。首先，将空间要素作为区域经济学的研究内容是基于这样一个事实，随着城市化进程的加快，世界人口逐年增加，地球上可以开发和利用的各种自然资源越来越稀缺，自然环境也遭受了不同程度的破坏，人类可以开发的地理空间达到极限，因而地理空间的重要性越来越突出，提高经济空间的生产力容量与空间要素本身的使用是人类面临的重要任务；其次，在理论上，本书认为地理空间是一种自然资源，具有生产要素的特性，如稀缺性、差异性、排他性，在一定条件下，还可以确定空间的产权关系。

（二）区域经济学的学科特征

区域经济学是研究区域经济的特点和区域之间关系的科学，它要回答的问题是：一个区域是如何实现经济增长和经济发展的，各个区域之间是怎样相互联系的，以及它们在全国劳动地域分工中的地位如何等。

1. 区域经济学与支撑学科的关系

区域经济学具有很强的综合性，需要经济地理学、发展经济学和产业经济学等作为研究的知识后盾。

（1）区域经济学与经济地理学的关系

区域经济学是在经济地理学的基础上产生的一门应用经济学科，它借助经济地理学的一些方法论来研究经济问题，生命力无比旺盛。但我们绝不主张用区域经济学代替经济地理学（事实上也无法代替），而是主张两者并行发展。自20世纪90年代以来，经济地理学获得了新的发展。区域经济学不是经济地理学，经济地理学也不是区域经济学，但两者无论从方法还是从研究本身都在日益靠拢，日趋融合。

（2）区域经济学与发展经济学的关系

发展经济学作为一门经济学科，是第二次世界大战以后逐渐形成的。它以发展中国家的经济发展问题为研究对象，为发展中国家的经济发展提供理论依据。

区域经济学中的很多概念和理论都来自发展经济学。比如，区域增长理论，就是在发展经济学的增长理论基础上引入了区域的概念而形成的。区域经济学和发展经济学的区别主要体现在：发展经济学主要研究的是发展中国家的增长问题，而区域经济学研究"发展"的空间范围不存在局限性，可以大到国家，小到乡镇，所以引入的理论需要进行区域化的改造；发展经济学没有地理学的基础，而区域经济学在研究很多问题时都以地理环境作为研究的出发点。从目前的学科发展来看，区域经济学还在不断把经济学的理论应用于区域的研究，其中也包括大量的发展经济学的理论。

（3）区域经济学与产业经济学的关系

产业经济学是现代经济学的重要分支，是现代经济学中用来分析实现经济增长的应用经济理论。产业问题也是区域经济研究的核心内容。区域经济学中的产业发展和结构演变理论来自产业经济学。区域经济学中的产业研究区别于产业经济学的是，区域经济学中的产业研究有特定的范围，即局限于特定的区域；而产业经济学研究的产业结构问题，是一个纯粹的经济学问题。但如果产业经济学研究的是某一个特定区域的产业结构，就为其加入了区域的概念，于是研究的特征就不同于一般性的产业结构，而是在特定位置上的产业结构，或称为区域产业结构。另外，产业结构研究不是区域经济研究产业问题的目的，区域经济研究产业问题是为产业的布局服务的，最后要形成为区域经济发展服务的产业布局方案。实际上，区域经济学与产业经济学在理论上的互相借鉴一直都存在，如产业经济学中对产业布局的研究，也要应用区位理论，而且它已成为产业经济学研究的重要组成部分。

2. 区域经济学产生的理论渊源

溯本清源，区域经济学界普遍承认区域经济学有两大来源：一个是地理学，一个是区位论。

（1）区域经济学的地理学来源

区域经济学的地理学来源主要有两个方面：区域的概念、地理环境及资源条件对经济发展的作用。

①通过地理学树立区域的概念

人们对区域的认识，首先是考察各种不同空间和地点的特征，再进行深入研究，探索其分布的情形。地理上的区域和区域之间通常并不是明显接替的，而是存在一个相当范围的过渡地带。所以，地理学家从一开始就认为区域之间的过渡不是跳跃的，而是渐进的、互相衔接的，这种思想一直影响到今天我们对经济区域的认识。

我们今天所看到的所谓区域的界限，实际上都是人为划分的，且是为了某种区别的目的而划分的。例如，欧洲和亚洲的分界乌拉尔山和高加索山，它们虽然是两大洲天然的屏障,但古代生活在这条线两侧的人在人种上的巨大差别,才是划分的主要理由。再如,蒙古高原和内蒙古高原的分界,完全是由于蒙古国的独立所造成的一个划分。也就是说,人们通常是先找到一个表面的、突出的、标志性的景观——可能是山脉,也可能是河流,再将其确定为标志或者界线,以此将两边的区域分开。自从有了区域的概念,才有在此之上的与区域有关的各类学科。所以,我们应当把区域概念的建立作为区域经济学产生的起点。

②地理环境及资源条件对经济发展的作用

地理学认为,人类和自然都应属于区域的特征,但在某些地区,如城市地区,人类的作用可能明显些;而在另一些地区,如极地、高原、海洋等,自然的作用可能更明显。把一个地区的自然特征和人类所从事的经济活动结合起来考虑,地理环境及资源条件就成为经济发展的初始条件。

地理环境及资源条件加入区域经济研究当中,使区域经济的内容更加丰富,但同时区域经济研究的起点也发生了变化。因为显然人与自然的关系在区域经济当中占据了相当的位置,这使我们对区域经济的研究不可能是纯经济学的,而必须考虑自然环境的容量、资源条件的限制,从而使区域经济的研究具备了一定的自然科学的性质。

然而,由于经济的区域和自然的区域在大多数情况下并不能够完全重合,这就增加了区域研究的难度,而经济因素的变化很快,所以经济的区域也处在一种变化的过程当中,使我们很难完全依照自然科学的研究方法去研究经济区域。地理学对区域经济学的影响在今天不但没有减弱,反而不断加强。

(2)区域经济学的区位来源

区位理论是微观经济理论,它要解决的主要问题是厂商如何进行布局才能实现成本最低或利润最大。区位理论是区域经济学的理论基础,它的许多理论和方法都成为区域经济学理论的组成部分,例如区域分工理论、比较优势理论、资源禀赋理论、相互依存理论、区域市场和区域利益理论等。

在区位论产生的年代,工业的发展使生产力迅速提高,地区间的经济联系不断扩大,商品销售地与原料供应地的范围越来越广,企业区位问题成为研究对象。农业布局的目的是寻找最佳的土地利用模式,工业布局的目的是寻找生产成本最低点的厂址,但其基本做法都是先研究运费对产业布局的影响,再研究劳动费与聚集因素对产业布局的影响。到20世纪30年代以后,克里斯塔勒、廖什、胡佛等学者扩展了区位论的范围,将城市等级、生产市场区和贸易流量与运输网络中的服务区位问题纳入进来,标志着近代区位理论发展时期的到来。

3. 区域经济学的基石

（1）旧三大基石

为什么会产生区域经济？胡佛在构筑区域经济学的理论体系的过程中，提出了区域经济学的三个基石。区域经济学也是建立在这三个基石之上的应用经济学科。

①生产要素的不完全流动性

生产要素包含自然资源和社会经济资源。与人类需求的无限性相比较，无论是自然资源还是社会经济资源，都是有限的。这些稀缺的资源，即使分布均匀，由于区位效应的作用，也会向某些地区集聚。自然资源的位置确定之后，或者不能被移动，如土地、森林、矿山、草原等，或者很难移动，如水资源等；社会经济资源当中最主要的是人力资源、资本和技术，这些资源的流动虽然是正常的，但必须付出相应的流动成本。所以，任何一个地区都具有利用本地资源优势发展区域经济的必要。生产要素分布的不均衡性和生产要素的不完全流动性，使得人类的经济活动不可能形成空间均衡化。假如生产要素分布是均衡的，或者即使不均衡但在空间上可以自由流动，各要素自然会向条件好的地区集中。但由于存在空间上不能移动的生产要素，所以人们要探讨资源替代和利用级差地租开发土地资源的可能性，以期形成经济在空间上的集聚，达到理想的分布状态。

因此，要素的不完全流动性是区域经济学的灵魂与活力所在，是区域经济分异的前提，也是区域经济多样性、互补性和区域分工的基础。

②生产活动的不完全可分性

企业的生产过程可以按照操作技术划分为若干彼此相连的工序，从降低生产成本的要求考虑，各个工序在空间上应当集中在同一个地点。一个产业部门和一个产业群是由众多企业组成的，众多企业集中到一起，是生产联系、信息共享、共同利用基础设施和管理方便的必然要求；企业集中在一起之后，其成本一般会明显下降，这种结果又加大了聚集的力度。

经济活动的聚集性表现为规模经济和集聚经济，它是由经济本身的趋利性和节约性导致的。在经济规律的作用下，要素的流向总是趋向于使其增值或提高效率的方向。一个企业的生产规模在一定限度内增大，一般可收到节省单位产品成本和提高效率的好处，这就是企业的规模经济。若干个企业集中于一个地点，能为各个企业带来成本节约等经济利益，这就是集聚经济。

规模经济和集聚经济使得各生产要素和经济单位集结在一定空间上，形成区域经济的增长极。由于规模经济和集聚经济的存在，生产活动不可能被彻底地分割及均衡地分布在所有的地区。我们必须考虑规模经济和聚集的要求，在条件好的地方，集中布局各类产业，而聚集区的形成，又会带来人口的增加，从而形成城市这种地区的经济中心。

③产品与服务的不完全流动性

由于距离因素的影响，产品与服务的移动，必须支付相应的运输成本，否则就不可能流动。而为了减少距离成本，产品与服务生产的地方化，即靠近消费市场就十分必要。这就是所谓的产品与服务的不完全流动性。

尽管现代科技和现代交通、通信业的发展，使空间距离对人类活动的限制越来越少，但是，只要距离存在，经济活动就要支付距离成本。这些距离成本仍对区域禀赋优势的发挥和空间集聚经济的实现产生极为重要的影响。

（2）新三大基石

区域经济空间集聚是区域经济空间分布的一种普遍现象，但由于传统的区域经济分析方法假设各个区域间是独立的，并不考虑地理空间对区域经济增长的影响，因而无法对区域经济空间集聚现象进行较为深入的分析。新经济地理学认为收益递增、运输成本和不完全竞争构成了区域经济学的新三大基石。

①规模收益递增

规模收益递增包括两方面的解释：一是指单个企业生产的规模收益递增。具体是指在企业内部由于生产规模的扩大带来产出的增加，虽然可变成本在增加，但单位产出的成本在不断下降，从而产生了规模收益递增的现象。二是指分工演进的规模收益递增。由于前后向关联等外部性的作用，处于一条生产链不同阶段的企业集聚在一起，形成了地理上的集中，而地理上的集中形成了大型的聚集地区，其规模优势远远大于某一个部门或产业的集中优势。同时，行业内每个企业从整个行业的规模扩大中获得了更多的知识积累，产生了肯尼斯·约瑟夫·阿罗所说的"干中学效应"。规模收益递增为地区获得竞争优势创造了前提。

②运输成本

运输成本泛指商品和劳务在空间转移过程中发生的所有费用。传统经济学假设空间是均质的，商品和服务可以在瞬间流动，故不考虑运输成本，这显然与现实有很大差别。现代主流经济学将运输成本解释为"冰山成本"，即商品或者劳务在空间转移过程中会发生损耗，科学技术的发展和交通运输水平的提高会逐渐减少经济活动的运输成本，但并不能轻易改变运输成本因素在空间经济活动中的重要作用，运输成本仍是决定厂商区位选择的重要因素之一。

③不完全竞争

现实生活中很少存在真正意义上的完全垄断或完全竞争的经济活动，不完全竞争的经济环境是现实经济活动的常态环境。由于不完全竞争的存在，当某个地区的制造业发展起来之后，形成工业地区，而另一个地区则仍处于农业地区，两者的角色将被固定下来，各自的优势被锁定，从而形成中心区与外围区的关系，地区之间有各自的竞争优势。

二、中国区域经济差异研究现状

国内外对区域经济差异的研究主要开始于20世纪70年代以后。对于中华人民共和国成立后至改革开放前这段时期，多数研究认为，中国区域发展是以牺牲效率为代价，区域差异稍有缩小。改革开放后，中国区域发展理念、战略和政策发生了很大变化。从"七五"开始实施的促进沿海地区优先发展的宏观区域战略，在使我国综合国力较大增强的同时，导致了东、中、西地带性差距在20世纪80年代后期和90年代初期急剧扩大。城乡间、区域间和社会各阶层间的差异越来越大，引起了专家、学者的高度重视和关注，对区域经济差异进行了大量研究，分析了差异的现状、变动趋势、成因，提出了许多缩小差异的对策和措施。

概括起来，我国区域经济差异研究主要有以下特点。

（一）区域划分

就区域划分来说，大多数学者进行的是东、中、西三大地带的差异研究和30个省市区或27个省区的省域差异研究。除此之外，还有进行南北区域差异研究的；有划分为东南、东北和西部三大区域进行研究的；有依据GDP的高低而划分为低收入、下中等收入、上中等收入和高收入四类地区进行研究的；还有以县域为基本单元进行研究的，这是从更小的地域角度来认识中国的区域经济差异。

（二）指标的选取

就指标的选取来说，也不尽相同。有采用单一测度指标GDP或人均GDP的；也有采用综合指标体系的，如韦伟采用人均NI（国民收入）、生产率、地区经济结构、市场发育水平四项指标等；还有以人均GDP指标为主，其他指标为辅的，如胡鞍钢以人均GDP为主，以人文发展指标为重要补充。

（三）时点选择

就时点选择来说，已有的研究成果有各自不同的划分，有的研究新中国成立以来的区域经济差异变化，有的研究改革开放以来的区域经济差异变化，还有的研究区域经济差异变动。从时间段的连续和间断上来看，有的研究其时段年份是连续的，有的研究则是不连续的,还有的是连续的时间段和间断的时间点的组合。原因是各个研究者的具体研究目的不同,同时也受到资料年的限制。

(四)测算方法

就采用的测算方法来说,学者们主要是利用各种统计的方法,分析不同区域差异的大小及其变动趋势,以探求其演变的一般规律性。常用来反映总体差异的统计方法有标准差、变异系数、加权变异系数、离均差系数、加权离均差系数、洛伦茨曲线、基尼系数和集中指数等。在测算区域间总体差异时,有的学者采用一种或两种方法,有的采用多种方法以期相互验证。近些年来,学术界开始运用一些新的研究方法对地区差异的构成与来源进行分解,以揭示引起地区差异变动的主要因素。

(五)差异形成的原因

就差异形成的原因来说,也是仁者见仁,智者见智。目前多见的有以下几种观点:一是地域差异说,认为中国各地区的自然地理环境、区位等导致地区发展不平衡。二是政策倾斜说,认为国家对东部地区实行的多方面的政策倾斜,是区域差异扩大的主要原因或重要原因。三是体制因素说,认为从计划经济向市场经济过渡时期,各地区体制转轨程度的不同以及传统体制下形成的要素和产品价格扭曲的延续造成了地区发展差距的拉大。四是增长方式与增长机制说,认为在数量型扩张和以投资为主要推动的经济增长方式中,生产要素的跨区域流动的增大造成了各地区经济增长速度较大的差异,这种增长差异的累积,又造成了地区发展差距在原有水平上的扩大。五是综合的观点,认为形成中国区域经济差异的原因是多方面的,需要进行综合的全面的分析。持这种观点的学者较多,如认为是由于客观性因素(地理位置等)、国家宏观区域经济政策、经济结构、人口素质、市场经济发展水平等方面差异造成的;认为是非国有制经济发育程度、经济结构、投资规模、市场发育程度、区域政策倾斜、区位、经济效益等多种因素交互作用的结果;认为是国家经济政策、区域经济结构、投资、人力资本、区域经济关系、区域经济基础等主要因素的作用等。对区域经济差异成因的认识和分析综合起来看,基本上涉及了影响区域经济差异变化的主要因素,即从历史基础、区位和环境、资源投入、经济结构、经济效益、人口素质、区域经济政策和经济体制等方面分析区域经济差异。

此外,一些学者还对我国社会发展地区差距、城乡居民收入差异、农村经济发展差异、区域乡镇企业发展差异、区域知识发展差距、区域政策、区域性贫困问题以及地区差异的国际比较进行了研究。对省内差异的研究主要集中在浙江、山东、广东、江苏、湖南、广西、新疆等地区。

三、中国区域差异扩大的特征

改革开放以后，中国经济总体上呈高速增长态势，全国人民的福利水平也普遍大幅度提高，但各个区域的经济增长是不同步的。多数研究认为，我国的区域差距在20世纪80年代有所缩小，90年代以来呈现持续扩大的趋势。

（一）多视角下的区域差异特点

区域间发展的不平衡不仅表现在经济发展水平上，还表现在社会、人文、生态、环境等其他方面。

1. 以人类发展指数（HDI）反映的地区差距

联合国开发计划署首次发布的《人类发展报告》中，第一次使用了人文发展指数（Human Development Index，简称HDI，也称为人类发展指数）来综合测量世界各国的人文发展状况。该指数由三个单项指数复合组成：平均寿命指数（也称健康指数）、教育水平指数（也称文化指数）和人均GDP指数（也称生活水平指数）。此后，联合国开发计划署每年发布一次全世界的《人类发展报告》。目前，其编制的人文发展指数及其每年发表的人类发展报告，已经得到了普遍认可，成为评价世界各国人文发展综合水平的重要依据。

HDI指数编制的理论依据是：人类发展的核心内涵，应当是能过上健康长寿的生活，能够到学校接受必要的教育，并能够得到较好的生活资源。由于其综合性很强，被普遍认为是能够代替人均国民生产总值来测量地区社会经济发展水平的一种方法。

中国不仅是世界上经济发展差异最大的国家，也是社会发展地区差距较大的国家之一。但人类发展指数反映的地区差距比省际间人均GDP的差异小。根据李善同等人对各省（自治区、直辖市）人类发展指数相对差异的计算，人类发展指数最高的三个省（自治区、直辖市）依次分别是上海、北京和天津，最低的分别是西藏、贵州和青海。

2. 信息化水平的差距

当今社会，中国互联网进入快速发展期。但在高速发展的背景下，互联网的地区发展很不平衡，无论是从域名资源、网站数量还是IPv4地址的拥有量看，排在前几位的都是沿海发达省市，西部省份比例非常小。域名总数最高的广东是青海的141倍；网站数第一的北京是最末位的青海的189倍；IPv4地址拥有量北京是西藏的121倍。IPv4地址的地区分布从一个侧面更加深入地反映出了各地区网络基础设施的发展差异状况：经济发达地区的互联网基础设施建设水平要比经济欠发达地区高出很多。

城乡互联网发展差异也非常大,并有进一步增大的趋势。从城乡中小学生上网规模来看,尽管农村和城镇的初中学生数量相当,但城镇的初中学生网民规模接近农村的两倍;城镇小学生的数量仅是农村的1/2,但网民规模则几乎是农村的4倍。信息化的差距会转化为知识获取能力的差距,造成中西部地区知识差距进一步拉大,从而使后来者丧失追赶先行者的机遇。

3. 区域生态环境质量的差距

中国科学院可持续发展研究组对我国各地区的评估研究认为,"中国可持续发展能力明显呈现由东向西依次递减的趋势",在生存、发展、环境、社会、智力五种支持系统中,三大地区面临的共同问题是改善生态状况、增进环境的支持力、形成可持续发展,但西部的环境形势更为严峻。

目前,我国东部沿海省区,除河北属强度脆弱区、辽宁属中度脆弱区外,其余省区包括福建、山东、江苏、浙江、广东皆属生态环境轻度脆弱区;西部省区除广西属中度脆弱区外,其余均属强度和极强脆弱区,极强脆弱区有宁夏、西藏、青海、甘肃、贵州、陕西、新疆;强度脆弱区有四川、重庆、云南、内蒙古;中部省区大多属于中度和强度脆弱区,中度脆弱区有湖北、黑龙江、江西,强度脆弱区有河南、安徽、吉林,山西属极强脆弱区。

从城市工业污染的严重程度看,西部省区单位工业附加值产出的各类污染强度都大大高于全国平均数。虽然在东部、中部和西部三大地区比较集中,西部地区的工业污染总量并不大,但由于大部分工业都集中在少数中心城市,污染排放十分集中,造成了严重的城市环境污染。

(二)我国区域经济差异变动趋势的分析

区域差距的缩小有赖于国家干预。2000年以后,我国地区差距扩大的速度已经逐渐减缓,特别是2004年开始出现了地区差距缩小的迹象。虽然我们还很难说我国地区差距已经进入了不断下降的轨道之中,但过去几年的经验表明,政府采取适当的政策和措施,包括促进落后地区的经济增长、减轻农民负担、增加农民收入等,可以减缓地区差距扩大的趋势,实现区域协调发展的目标。

从目前我国的国情分析,在今后一段时期,一方面存在有利于抑制差距进一步扩大的因素,如国家对经济落后地区给予更大的关注和支持;中西部地区具有后发优势;东部地区进一步发展需要加强与中西部地区的衔接和融合等。另一方面也存在导致地区差距扩大的因素,包括要素条件、产业基础、区位和人文等方面的因素。事实上,东西部差距之所以难以扭转,是因为东西部之间的差距,不仅表现为直观的数字上的差距,还有另一种更为深刻的、隐藏在数字背后的相关因素的"差距"。无论是经济结构的调整、基础设施的建设，还是劳动力素质的提高、经济增长方式的转变都需要一个过程。

落后地区实现现代化追赶是一个长期的历史过程，缓解并最终解决东西部差距不是一朝一夕能够完成的。总体来看，在考虑缩小区域发展差距的优先次序时，应该把缩小社会发展差距和人类发展差距放在优先位置，把缩小社会发展差距和实现基本公共服务均等化作为长远规划，加快中西部地区发展的优先政策目标。从我国实际出发，缩小地区差距，重要的是缩小区域之间基本公共服务的过大差距。由于西部地区各种自然条件的局限，在经济总量上要赶上东南沿海地区，很大程度上是不现实的。逐步实现国家对西部地区基本公共服务的均等化，应当成为西部发展战略的重要内容。

从长期来看，我们假设未来20年国际国内大的背景条件不变，中国将继续实行改革开放政策，市场经济体制逐步完善，农业劳动力向非农产业不断转移，对外开放不断加深，社会主义民主政治建立，国际环境保持稳定，中西部有可能进入长达20多年的高速增长期，从而进一步缩小沿海和内陆地区之间主要经济指标的绝对差距，最终实现社会主义共同富裕的目标。

四、中国区域经济差异的成因与对策

（一）中国区域经济增长存在差异的成因

地区之间经济增长速度的差异最终形成了区域经济整体的差异，这里从人口、自然条件、政策、技术、资本、产业结构六个方面分析了造成区域经济增长差异产生的原因。

1. 人口发展

人口是社会经济发展最主要的设计与劳动主体，人口对区域经济发展造成的差异主要可从人口数量、人口质量和人口结构三个方面考虑。中国的西部地区地广人稀，并不利于社会的扩大再生产和劳动成果的增加；人口质量主要是指人口的受教育水平和知识结构，这对劳动力的素质和社会劳动生产力的有效提高有重要影响，西部地区相对于东部地区也是落后的；人口结构主要是指人口的年龄比例，如果青壮年所占的人口比例比较多会更加有利于社会财富的增加，若是老年人口过多则相反，这一点大体相当，但是东部地区流动的劳动力人口绝对高于西部。

2. 自然条件

自然条件对经济发展的影响并不是直接的，而是通过地域文化的影响对其他生产要素产生影响。例如，我国西部地区有着众多青山、高原、沙漠等自然地貌，这样的环境既不利于农业的发展，也不利于交通建设和资源的开发，但我国东部地区则是以平原为主，不仅有利于农业、工业的发展，还有着众多天然的港口以促进国际贸易的往来。那么，在同等投资的条件下，东部地区的投资收益显然是要高于西部地区的，由于资本、资源会向获利更多的地方进行流动，导致东西部区域经济的差异进一步被拉大。

3. 政策制度

制度对维护经济秩序、保障社会经济的运行具有重要的强制功能。在经济交易活动中本就存在众多的不确定性，但制度建立在社会成员认可或者国家强制力保证实施的基础上，这就在社会成员中树立了一种威信和契约，由社会全体成员共同遵守，从制度的角度来对交易过程中的产权进行明晰，这就可以明确交易过程中的产权和降低交易成本，对于调动经济主体的积极性，实现资源合理、有效配置意义重大。我国东西部区域经济发展不平衡最主要的因素之一就是在政策上的不平衡性，比如一项政策在东西部实行的时间不同，农村土地改革与城市企业的产权制度都是从东部地区开始率先实行再逐步向西部地区逐渐开展的，等等，这也是导致西部地区的经济发展落后于东部的重要政策原因。

4. 技术进步

三次工业革命的顺利开展和推广都离不开技术的进步，技术的进步为人民创造了大量财富的同时还提高了人们的文化生活水平，我国改革开放40多年来的变化就是一个很好的证明。技术的进步可以推动经济方式由粗放型向集约型转变，在同等生产要素投入的情况下可以提高要素生产率。技术在不同行业的广泛使用可以优化经济结构，促进产业结构的不断优化，减少对体力劳动者数量的需求，让生产力得到进一步的发展和解放，促进区域经济的发展。

5. 资本因素

资本是经济增长的重要因素之一，这首先是对资本在经济发展过程中具有作用的一种肯定，分为物质资本和人力资本两大类。在社会经济不太发达的时期，经济增长主要依靠社会物质资本的投入来扩大再生产，但是当经济发展到一定水平，人口素质得到提升之后，人力资本在经济增长过程中所起的作用越来越大，甚至在很多领域有着决定性的作用，人们可以通过自己的劳动创造更多的价值，而人的经济价值最大的体现就是劳动能力。经济的发展如果离开了物质资本和人力资本的投入是无法实现的。

6. 产业结构

产业结构就是社会生产过程中形成的生产结构，当其与社会经济发展水平相适应的时候能够促进经济的发展，反之则会阻碍经济的发展。而当经济发展到一定水平的时候，就会提出对产业结构进行优化的要求，我国西部地区产业的发展和产业结构的建立和平衡相对与东部地区要晚很多，再加上人力资本与资金投入的限制，导致其最终落后于东部产业结构的发展。如何通过合理的产业结构调整，将过剩的资源引向资源短缺的部门，使区域的各项要素得到合理的分配以促进经济的增长，是政府部门需要思考的问题。

（二）推动中国区域经济协调发展的政策

1. 推动教育发展以提高人口素质

我国的人口在社会经济发展的初期有较快的增长，其增长速度都超过了国民经济增长的速度。我国在实行计划生育政策之后人口增长的速度得到了一定的缓解和控制，但是仍旧以每年近1400万的速度在增长。虽然我国人口众多，但由于我国教育水平以及教育普及程度在相当长一段时间内是比较落后的，尤其是偏远的西部地区，较低的人口素质导致产业的科技支撑力量比较弱。随着义务教育的普及和高等教育的扩招，我国的政府和人民已经意识到人才作为一种特殊的资源正在发挥强大的能动作用来促进经济的发展。东部地区为吸引人才提供了一种宽松的环境，西部地区人才资源总体缺乏，分布结构也不尽合理，人才流失现象比较严重。为了解决这些问题，实现部分地区（尤其是人才缺乏地区）对人才的开发、利用、流动，应该积极推动人才流动机制的建立，确保在高等教育环境下培养出的高素质人才能够自由流动而不受太多条件的限制。

2. 加快中西部地区软、硬件环境建设

软件环境主要是指物质条件以外的各种条件的总和，在现实生活中比较常见的就是政治、经济、社会、技术、法律等环境。软件环境对于吸引投资促进地方经济的发展具有事半功倍的积极作用。硬件环境主要是指这些地区物质基础设施的建设，例如公路、铁路、电力等。西部地区经济发展的落后与基础设施建设的滞后关系重大，因此，政府需要加大对西部地区软、硬件环境的投资建设，例如加大对西部地区公路和铁路的建设进程，并且逐渐向偏远的老少边穷地区进行更多的延伸，依靠西部地区靠近边境的优势来大力鼓励边疆贸易的发展，促进西部经济更好地发展。在相对落后的中部地区，地方政府应该以公路建设为中心来加强对机场和铁路等公共系统的建设，因为中部地理位置的优越性，应该努力将其建设成为全国的交通枢纽。同时，加大对中部地区信息建设的投入，例如增加对光纤和电缆的建设力度，因为信息的发达程度对于贸易的发展和交易成本的降低具有很大的促进作用。

3. 加快我国经济发展市场化的进程

虽然具有中国特色的市场经济发展多年，但是与经济发达的国家相比，我国的市场经济发展还有很大的差距。我国东西部经济差异以及就业难的现状也比较突出。从我国当前

的情况看，在经济的改革与发展中，部分制度性的问题客观存在，尤其是在中西部地区的社会制度转变和变化滞后，从某种程度上来说限制了经济的发展。为了在保持我国经济持续增长的同时提高人民生活水平，保证区域经济的协调发展，需要构建统一的市场并且基于市场进行合理的定价来保证经济资源的优化配置与运作。在市场经济条件下，统一的大市场有利于经济产品的跨区域流动，这一点从欧盟的建立和繁荣发展就可以看出来。

4. 加强对落后和贫困地区的政策导向和扶持力度

我国政府通过税收政策和政府支出的形式对整个社会的收入进行再分配，这种再分配分为援助性再分配、补偿性再分配、保障性再分配和公平性再分配四种。但由于我国多年来一直使用的是基数方法确定转移支付数额，不过由于这种方式中数额确定的依据是过去的事实数据，并没有充分考虑到地方政府的实际需要，于是导致政策扶持的效果不太明显。这一点需要借鉴西方发达国家的经验，充分考虑人口、经济发展情况、国民收入等因素来确定数额。同时，我国将近一个亿的少数民族人口都集中在边疆贫困地区，加快这些地区的经济发展对于稳定我国的民族关系也是具有重要意义的。又由于边疆地区虽然人口较少，但是却有着丰富的矿产资源和优越的自然条件，以及具有民族特色的艺术文化，因此，加大对落后和贫困地区的政策导向和资金扶持，通过人口的引进援助这些地区的发展，才能让这些地区真正实现共同发展和共同富裕。

5. 对西部的货币和投资政策予以差别对待

我国当前的货币政策和投资政策是全国统一的，虽然这样的政策有利于对货币和投资进行宏观调控，但是事实上我国经济发展并不平衡，东部地区在经济发展中所占的比重和对经济的贡献作用是远超西部地区的，这对政策的制定趋势有很大的影响。由于我国地域广博，再加上区域经济发展的不平衡，适应东部经济发展的货币政策和投资政策未必能够适用于西部的经济发展，甚至有可能产生适得其反的效果，而进一步扩大区域经济的差距。因此，建议我国对西部地区的货币政策和投资政策在大局统一的前提下予以差别对待。只有重视西部地区发展落后的实际来制定货币和投资政策，才能真正增加西部经济发展的动力，实现西部地区经济发展成果的积累。因为我国曾经长期支持东部沿海地区的发展，有了当前沿海发展的繁荣局面，因此，对于中西部地区的发展，一方面要考虑到招商引资的优惠政策，另一方面要考虑到形成一种差别的政策和税收方面的投资激励机制。

6. 大力调整优化产业结构

产业结构调整能够解决区域经济发展中的很多问题，例如可以帮助区域合理选择主导产业以推动区域经济的发展，在一些经济发展比较落后的地方，可以选择当地的优势产品、项目进行深度加工，进驻高附加值的方向，延长产业加工量，把分散的产业集中，等等；

可以通过产业区域的垂直与水平分工规划让区域特定产业的竞争力得以提升，这是区域经济健康、良好发展的源泉，对于缩小沿海地区的经济差距，帮助起步较晚的中西部地区的经济发展非常实用；还可以加强不同区域之间的产业合作，构建一个良性循环发展的产业环境是当前激烈的市场竞争环境下的必然结果，但是我国当前区域自由竞争的状态比较严重，需要通过政策的引导来鼓励企业之间在技术与信息上的合作，毕竟区域经济发展的兴衰与该区域产业结构的优势相互联系。

区域经济的发展对于国民经济的发展、人民生活水平的提高、小康社会的全面建设都有重要影响。针对我国当前区域经济发展不平衡的问题按照相应的对策予以解决，对于促进全社会的和谐发展具有重要的现实意义和理论意义。笔者相信，通过推动教育发展以提高人口素质，加快中西部地区软、硬件环境建设，加快我国经济发展市场化的进程，加强对落后和贫困地区的政策导向和扶持力度，对西部地区的货币政策和投资政策予以差别对待，大力调整优化产业结构，我国的区域经济会朝着越来越健康的方向发展。

第二节　区域农业经济发展的作用体现

一、对于区域农业经济的发展与中国经济贸易的关系分析

现阶段我国的经济发展仍处于较为重要的时期，同时也是区域农村经济调整和发展的重要时刻。伴随着我国农村经济发展体制的不断变更和改革，我国的农业经济发展也呈现出较为稳定的发展趋势，也逐渐向多元化的形式转变。有专家学者对区域农村经济的发展进行了分析，发现最近几年，我国区域农业经济的发展对于我国整体经济贸易的影响日趋增加，同时农业经济的发展也越发向复合型趋近。

但是在实际区域农村经济发展的过程中，仍旧存在不稳定和区域性的特性，严重制约了区域农村经济的发展。以西部地区农业经济发展为例进行分析，西部地区的农村经济发展仍旧处于较低阶段，同时也存在资金投入不足等问题，此外，还受到当地市场经济信息应用率较差的影响，给西部地区的发展带来了较大的阻碍。因此，每个区域的农村经济发展，一定要遵循自身的发展规律，结合实际的政策规章制度内容，使区域农村经济的发展更具协调性，同时也更能满足整体性农业经济发展的需求。而笔者针对此问题对区域农业经济的发展对中国经济贸易的作用进行了分析。

二、区域农业经济的发展对中国经济贸易的作用分析

（一）调整并优化经济贸易产业结构

现阶段的市场经济处于迅猛发展状态，因此，在发展我国整体性经济的同时，也要切实根据本国的生产条件，对区域农业经济的发展趋势予以探究，要明确区域农村经济对于我国经济贸易的实际作用。

区域农村经济对于我国经济贸易作用尤其大，因此，一定要对农村经济予以统筹，并力求提高区域内农民的经济收益，既推动区域经济的实际发展，也有利于调整区域农村经济的发展，以及协调我国经济贸易发展的结构。首先就要促使区域农村经济的多元化发展，并对当地的农村经济发展结构予以优化，进而利于对其他农业经济资源的整合，将全部有利资源融入实际的区域农村经济发展中，而后有效提高农产品的产出能力。

区域农村经济的发展对于我国的整体性经济贸易的发展具有重要影响，同时也会对我国经济贸易产业结构予以优化和调整。现阶段我国的区域农村经济的产出能力仍显不足，但是整体性的农业经济发展仍较为稳定，当我国经济贸易的发展出现结构不稳定时，则可以充分利用区域农村经济的发展优势，对整体性贸易经济的发展结构进行优化和整合，促使经济贸易的发展更为科学和高效。

（二）利于经济贸易趋向于信息化发展

可以创建信息监测系统以及信息速报系统，将较为高效、科学的区域农业经济发展模式传达给欠发达的农业发展地区，这样可以将一些较为先进的技术推广给有需要的区域，转变当地区域内人们的思维模式，逐渐实现自动化的发展模式，同时也会逐步转变我国整体性经济贸易的发展趋向，并对经济贸易的发展模式予以优化和调整，极大地促进我国经济贸易的发展。

第三节 区域农业经济精准发展的大数据支持

考虑到农业自身所存在的周期性、天气依赖性以及粗放性等一系列制约性因素，应将收集、分析以及预判大数据的统筹机制作为发展重点，从而为区域农业经济的精准运营创造有利条件。

一、精准引导区域农业种植的市场预测

按照市场规律对区域内的农业经济进行全面的预判，运用政府相关部门与各种研究机构等权威机构或组织关于农业生产的大数据，以精准引导各种农作物的生产与营销，能够确保区域内的农业稳定、健康发展。首先，精准引导农作物配套种植，以避免区域内作物品种过于单一的农民生产经营与区域农业经济发展的潜在风险。尤其在关于农作物特性的大数据的指导下，科学运用不同作物之间具有互相帮助的功能，如作物之间自然授粉、一种作物对另外一种作物具有治疗病虫害的作用等，以精准追求区域农业的优势联合发展。其次，精准引导农作物种植量，以避免盲目跟风性地扩大投入，引导尊重市场规律的利润最大化的理性投入。如在水果产区种植量最大、成熟季节集中的水果，进行成熟季节与产量分流性的品种改变或升级，保障区域农业以作物或作物品种的多样性，满足市场多样性消费需求，以提升农业生产的整体效益。

二、精准主导优势农产品生产的农业指数

区域农业经济的发展不仅会受到国内各种因素的影响，也会受到世界各国以及国际事件的影响，形成综合性的国际国内的动态指数，如国家农业农村部的农产品批发价格的200指数、国家商务部的市场商务预报指数与新农村商网的各种数据、国家气象部门的气象数据等，能从国际、国内宏观视角对相关农产品的发展做出精准的指导。一是运用大数据精准导引区域农业生产所急需的信息流与资金流。根据区域内的整体耕地面积、各种作物的种植面积、作物种植的类型、作物种植技术等既定要素，以及相关作物及其原产品和加工品的市场数据，精准预判相关农业生产和农产品的信息，为区域农业经济发展导引更精准的资金流，在支持与服务生产的基础上，去实现投资者、生产者、营销者的多赢。二是运用大数据精准确定区域农产品的原产品、初加工品、深加工品的比例，在开辟多样性农产品市场的基础上，有效地引导农产品的多元精准发展。

三、精准整合农业资源的技术参数

在乡村振兴战略下，产业兴旺的农业应该是也必须是资源优化整合与农业技术升级下的农业。首先，运用大数据整合土地资源。结合新农村建设和土地综合治理的举措，通过有效地整合与置换空心村土地、平整废弃厂房、治理坑塘与河道等方式，运用大数据在保护耕地的基础上，按照资源承载能力去建设大农场、创建合作社与打造综合农业生产模式等，使各种土地资源都能发挥优势功能，实现最大化的生产能力。其次，运用大数据整合升级农业生产技术。其中重点在于运用大数据去预设各种土地资源基础上的最优生产技术，

如土地整合下大农场的机械化、信息化的耕作技术，立体农场中优势合作的作物链、污水治理、粪肥烘干制作、农产品仓储与初加工、农业生态景观等绿色生产技术，为农业发展建设高效、绿色与经济的发展之路。

第四节 区域农业经济精准发展模式

一、升级技术设备，同步实现增收提质

基于推动区域农业经济可持续发展的目标，运用大数据去指导区域农业经济升级各种相关的技术，去追求高效、环保、资源节约、健康的发展。其中，大数据指导下升级的环保生态技术有土杂肥生产与利用技术、病虫害防治技术、秸秆利用技术等，资源节约技术有灌溉技术、耕作技术、种植技术、收割技术等，以整体提高单位资源消耗量、单位农产品产量、农产品品质和生产利润。其绩效表现为：一是投入少，产出大。包括人力、物力与财力的投入少，如化肥、农药等成本的降低，农产品的产量增加、质量提高与利润空间提高等，有效提高了农民及其农产品营销者的绝对收入。二是品种升级与生态改善。以各种农产品的品种升级为主，以及由此带动的农村生态改善，并据此实现生产与生态的良性互补循环。

二、优化产业结构，增强风险防控能力

在尊重区域农村与农业的家庭人口总数、农田保护重要程度、文化水平等对等基础要素的基础上，按照特定行政区划政府的区域农业经济发展规划，精准设计与实践区域内农业结构升级的步骤，激活农业经济发展的潜力。首先，升级区域农作物品种结构、农产品生产与加工的结构。如升级早熟与晚熟农作物的品种及其比例结构，升级农产品原产品与不同级别的加工品的结构等，以此降低农产品结构单一有可能造成的产能过剩，以及在发生自然灾害的情况下可能出现的减产甚至绝产的损失等情况。其次，运用大数据精准引导区域农业经济科学预防与回避自然风险。如运用气象预报数据规避极端天气造成的水果花期寒流危害，运用山体安全监测数据规避可能发生的泥石流与山体滑坡的损失，运用病虫害预报数据有效地预防可能爆发的病虫害等，为获得正常技术条件和气候下的产量保驾护航。

第五节　区域农业经济精准发展模式的创新策略

科学、有效地利用和推广大数据，实行与之相匹配，同时凸显区域农业经济特色和优势的运营新模式，才能充分驱动区域农业经济的精准化发展。

一、依托本地资源调整作物种植，加快农产品精准特色发展

通过有效运用全国测土的土壤成分大数据与区域气候大数据，结合国际国内各种农作物的种植量及其产品大数据，为相关区域的地块选定最适宜种植的农作物，以追求扬长避短的特色精准发展。在政府的农业部门、科技部门与其他相关部门的职能科室及其相关工作人员的直接主持与操作下，运用科技手段对区域的地块土壤进行检测。例如尽管在全国许多地区种植香蕉，但在不同的土壤成分下，具体到区域和地块，就需要种植发展不同类型的品质，如河口的高把香蕉、红河矮蕉、中山牙蕉等，为区域优势农作物开辟特色市场。

二、打造交互式作物链，促进多作物精准互助发展

借助大数据对于区域农业的土壤、气候、地势等要素信息的采集与解析，能精准地了解区域适合发展的作物类型，尤其是在现代农业科技的支持下，去构建能互助发展的优势作物链，以打破农作物季节性种植导致的土地资源闲置的浪费等情况。在当前比较理想的作物链模式，如"林粮间作""水旱轮作""立体渔业"等，统一了"提高资源利用效率和农业产出效率"，统一了"改善村民生活"与"提高社会效益"。

例如对于适宜发展水果经济林的区域，在大数据的指导下，可以适当地发展水果与蔬菜间作，如在种植水晶富士苹果的烟台，在苹果收获以后的秋冬季，在以落叶为肥树行间间作适宜秋冬季种植的小青菜等蔬菜，以提升林地产出的整体效益。

三、完善产业结构布局，推动多产业精准协同发展

在"互联网+"的时代环境下，把现代农业、现代农产品加工业、现代农产品营销服务业、现代农村旅游业、现代农村养老业、现代农村文化文艺业等产业载体，运用大数据为区域产业的健康、稳定与高速发展寻求最高效的科学配置。而基于产业兴旺和生态宜居的宏观目标，关于区域农业经济发展的大数据运用，其重点在于打破传统农业发展的"路径依赖"，追求"完善农民能力培训体系建设"与"重视新型经营主体对小农户行为的引领作用"的统一。在农业发展的实践中，要以当地优势农业及其农产品的营销和加工为发展的主导元素，相关的工业、服务业都以其为核心，既为其服务，也以其为动力源、原材料源、人力源等，实现相互依赖、相互支持的协同发展。

第六章 大数据时代下智慧农业助推农业经济发展探索

农业经济是中国经济产业的重要支撑。由于农业经济的影响作用范围涉及中国各个领域，因此，提升农业经济产业的实力，能够有效强化中国基础建设的牢固程度，从而实现产业发展全方位的突飞猛进。同时，基于大数据技术的广泛应用，以智慧农业引领的现代农业经济，成为行业内的重点研究议题。

第一节 智慧农业的发展脉络

一、发展智慧农业的意义

智慧农业是农业生产的高级阶段，通过互联网计算机、现代通信技术、物联网技术、现代化机械等高新技术应用，增强对农业生产环境条件的感知，实现农业可视化远程诊断、远程控制、灾变预警等智能化管理，加强对农业生产工人的管理，减少农产品流通损耗，实现农业的产、供、销高度的智能化、自动化、精细化。相对传统农业，智慧农业能够极大地提高农业生产经营的综合效率，降低工作劳动强度和资源损耗，提高农产品的附加值，保障农民增收。智慧农业的内涵主要是指在环境条件相对可控的情况下，利用工业化的生产模式，打造集约高效可持续发展的农业生产模式，将高新技术应用到农业生产的各个环节，配备高度智能化的专家系统进行分析和决策，使得农业生产各个环节的决策和运行更加智能化、自动化和标准化。

智慧农业对现代农业的发展具有非常重要的作用。智慧农业能够显著提高农业生产的经营效率，通过传感器对农业环境进行精准、实时、长期监测，利用云计算、数据挖掘等技术进行多层次深入分析，并将分析指令与各控制设备进行连接，完成农业生产、管理和决策。这种智能机械代替人的农业劳作，不仅解决了农业劳动力日益紧缺的问题，而且实现了农业生产高度规模化、集约化、工厂化，提高了农业生产对自然环境风险的应对能力，使弱势的传统农业成为具有高效率的现代产业。发展智慧农业能够有效地改善农业生态环境。将农田、畜牧养殖场、水产养殖场等生产单位和周边的生态环境视为整体,并通过物质循环和能量流动关系进行系统、精准运算,保证农业生产的生态环境在其自身可调节范围内,如定量施肥不会造成土壤板结,也不会营养流失导致富营养化;经处理后的畜禽粪便不会造成水和大气污染,反而有利于改善土壤结构和提高土壤肥力。智慧农业能够彻底转变农业生产者、消费者观念和组织体系结构。完善的农业科技和电子商务网络服务体系,使农业相关人员足不出户就能够远程学习农业知识,获取各种科技和农产品供求信息;专家系统和信息化终端成为农业生产者的大脑,指导农业生产经营,改变了单纯依靠经验进行农业生产经营的模式,彻底转变了农业生产者和消费者认为传统农业落后、科技含量低的观念。

另外,智慧农业阶段,农业生产经营规模越来越大,生产效益越来越高,迫使小农生产被市场淘汰,必将催生以大规模农业协会为主体的农业组织体系。智慧农业功能构建包括特色有机农业示范区、农科总部园区和高端休闲体验区,有利于促进农业的现代化精准管理、推进耕地资源的合理高效利用。

智慧农业实现现代农业生产环境的智能感知、智能预警、智能决策、智能分析、专家在线指导,为农业生产提供精准化种植、可视化管理和智能化决策。除了精准感知、控制与决策管理外,广泛意义上,智慧农业还包括农业电子商务、食品追溯防伪、农业休闲旅游、农业信息服务等方面的内容。

二、国外智慧农业的发展

目前,发达国家如英国、美国和日本等国的农业设施已具备了技术成熟、设施设备完善、生产规范、产量稳定、质量保证性强等特点,形成了集设施制造、环境调节、生产资料于一体的产业体系。

(一)美国智慧农业

美国是世界上农业生产技术水平最高、劳动生产效率最高、农产品出口量最大、城市化程度最高的国家之一。农业成为美国在世界上最具竞争力的产业。

美国农业信息化建设起步于20世纪50年代,经过70多年的发展,美国现已成为世界上农业信息化程度最高的国家之一。农业信息化的发展,有力地促进了美国农业整体水平的提高。

1. 发展概况

美国是全球农业规模巨大和技术先进的国家,也是全球范围智慧农业起步早、成效显著的国家。19世纪60年代，美国农业开始进入机械化进程。20世纪40年代，美国就基本在全国范围内实现了农业机械化。美国农业生产主要依靠家庭农场，农场经营规模大，农业现代化、机械化程度高，全部实现机械标准化作业，生产效率高。美国的现代化农业涉及生物学、地理学、气象学、生态学等学科门类，将农业生产、工业制造、商品流通、信息服务等产业融为一体，是多部门、多学科的系统化综合体。早在20世纪初，美国农业已基本实现了种植专业化。目前，美国农业形成了专业化、区域化的布局，建立了各种特色鲜明的产业带。如东北地区雨量充沛、气温较低，牧草生长茂盛，形成了"牧草和乳牛带"；中北部地区地势平坦、土地肥沃，冬季寒冷漫长，形成了"小麦带"；还有五大湖区附近的"玉米带"、南方的"棉花带"等。但是，随着美国农业的发展、补贴状况的迥异，美国农场早已出现了明显的两极分化。产业化农场不断扩大种植规模，可以保持竞争优势，得到更多补贴；小规模家庭农场则几乎被逐出商品化农产品的种植领域，只能在无补贴的其他农作物上生产，并依赖地区性贸易体系，难以维系生存。多重因素的压迫，使得美国农业面临严峻的考验。求变，刻不容缓。智慧农业为这些改变提供了一条重要的途径。

同时，美国智慧农业的发展与温室及温室内信息化技术的发展密不可分。20世纪80年代，美国提出智慧农业的前身，即精准农业的构想，其微电子技术发展推动了智能化监控技术的发展，农作物生长的模拟、栽培管理、测土配方施肥等农业系统构成了智慧农业的早期技术基础。

摩托罗拉、雨鸟公司等共同合作开发智能中央计算机灌溉控制系统，将计算机应用于温室控制与管理。20世纪90年代，温室计算机控制与管理系统可以根据温室作物的特点与需求，对温室内温度、湿度、光照、CO_2、肥料施用等因子进行自动调控，还可以利用温差技术管理实现农产品的开花结果期的控制，适应市场的需求。随着大规模现代信息技术的普及，智慧农业有了更快、更长足的发展。目前，美国已将全球定位系统（GPS）、遥感监测系统（RS）、农田信息采集与环境监测系统、地理信息系统（GIS）、决策支持系统和智能化农机具系统等应用于农业生产。

智能化农机具系统的发展也是美国智慧农业的重要成果。早在1933年，美国就通过了《农业调整法》，确定了农业的基础地位。20世纪80年代后，美国农业法成为一个独立的法律。

2007年，美国出台新的农业法案，形成了以农业法为基础、100多部重要法律为配套的完善的农业法律体系，内容涵盖农业市场、农产品贸易、农业信贷、土地利用与开发、农业资源与环境保护、病虫害防治等各个方面。随着互联网时代的发展，网络成为政府关注的农业发展的重要工具。

Data.gov 是奥巴马政府在 2009 年推出的，该网站上有关于诸如植物基因学和当地天气情况的详尽数据库，还有一些比如特定土壤条件下最好的作物研究、降水量的变化、害虫和疾病的迹象，以及当地市场作物的期望价格等数据库。这些数据如果免费开放给农民、企业和科研机构的话，它们产生的价值将是非常巨大的。

智慧农业中的大数据分析技术，推动了农业保险和农业期货等行业的发展。投资在美国农业发展中具有举足轻重的地位，在不同发展阶段，美国政府针对农业发展中存在的矛盾和问题，适时出台了一系列农业保护政策，包括价格支持、财政补贴、信贷税收、对外贸易等方面，即为了稳定农产品价格和农场主收入，配套了相应的目标价格、差额补贴、贷款率、无追索权贷款等投资手段。这些投资手段虽然不是强制性的，但它是有吸引力的，关系到农场主的切身利益。美国还有比较健全的农业保险体系，通过实行农业保险制度，规避了农业生产造成的风险，减少了自然灾害对农业生产造成的损失，并对农业投资实行税收优惠政策，税收减免可达应缴税收的 48%。

利用大数据分析技术，The Climate Corporation 为农业种植者提供名为 Total Weather Insurance（TWD）、涵盖全年各季节的天气保险项目。项目利用公司特有的数据采集与分析平台，每天从 250 万个采集点获取天气数据，并结合大量的天气模拟、海量的植物根部构造和土质分析等信息对意外天气风险做出综合判断，以便向农民提供农作物保险。公司声称该保险的特点是：当损失发生并需要赔付时，只依据天气数据库，而不需要烦琐的纸面工作和恼人的等待。该公司总部位于美国加州，已经运营 6 年，从 Google Ventures、Founders Fund 等多家公司获得了超过 5000 万美元的风险投资。

另外，还有智能化控制系统的快速发展。美国现代农业智能装备技术日趋成熟，农业决策支持系统得到广泛应用，有力地促进了农业整体水平的提高。美国农业装备迅速向大型、高速、复式作业、人机和谐与舒适性设计方向发展。美国农民可利用全球定位系统、农田遥感监测系统、农田地理信息系统、农业专家系统、智能化农机具系统、环境监测系统、网络化管理系统和培训系统等，进行精细化的自适应喷水、施肥和洒药。

位于美国加利福尼亚州 Oxnard 的草莓培育商 Norcal Harvesting 安装了一套物联网系统，实时追踪植物的生长状况。系统还可以根据空气和土壤的状况，自动触发相关行为，如浇水或调节温度。这套系统由 Climate Minder 开发，目的是帮助培育商更好地管理和监测植物的生长情况。在农业园区安装生态信息无线传感器和其他智能控制系统，可对整个园区的生态环境进行检测，从而及时掌握影响园区环境的一些参数，并根据参数变化适时调控，如灌溉系统、保温系统等，确保农作物有最好的生长环境，以提高产量和保证质量。

在保温系统中，通过采集、分析和控制土壤湿度、土壤成分、pH 值、降水量、温度、空气湿度和气压、光照强度、二氧化碳浓度等来获得作物生长的最佳条件，将生物信息获取方法应用于无线传感器节点，为温室精准调控提供科学依据。在灌溉系统中，可以通过感应土壤的水分，并在设定条件下与接收器通信，控制灌溉系统的阀门打开、关闭，达到自动节水灌溉的目的。

广泛应用传感器和视频终端采集的信息，除在精准农业中监测农作物的害虫、土壤酸碱度和施肥状况等外，还包括从种子遴选到病虫害防治，从幼苗培育到收割入库等方面。监测范围涵盖广义农业的各个方面，包括畜牧业、农副产品加工业及渔业。可以通过物联网对牲畜家禽、水产养殖、稀有动物的生活习性、环境生理状况及种群复杂度进行观测研究。可以对森林环境监测和火灾报警（平时节点被随机密布在森林之中），平常状态下定期报告环境数据，当发生火灾时，节点通过协同合作会在很短的时间内将火源的具体地址、火势大小等信息传送给相关部门。据《今日美国报》报道，佐治亚大学曾召开过一次学术会议，讨论无线互联网技术等高新技术在农业中的应用问题。据与会专家介绍，佐治亚州的两个农场已经用上了与无线互联网配套的远距离视频系统和 GPS 定位系统，分别监控蔬菜的包装和灌溉系统。伊利诺伊大学的专家则在不久前测试了无人驾驶拖拉机。这种拖拉机配备了电子地图和 GPS 信号接收器。测试时，人可坐在房屋里通过无线互联网遥控拖拉机的操纵杆，使拖拉机自动工作。将来有望用小型无人驾驶拖拉机编队，取代目前在田间工作的大型拖拉机。研究人员认为，尽管美国部分地区现在仍主要通过拨号上网，但若在这些地区普及无线互联网，则有望实现在家遥控开启水泵、畜栏，控制土壤湿度传感器、气象传感器等农业设备的工作。

加大对农副产品从生产到流通整个流程的监管，可以将食品安全隐患降至最低，而物联网则可在这方面发挥重要作用。以猪肉安全为例：进入农贸市场的猪肉安装上电子芯片，以跟踪猪肉产品的生产、加工、批发以及零售等各个环节。消费者在购买猪肉时索取含食品安全追溯码的收银条，可凭借收银条上的追溯码查询生猪来源、屠宰场、质量检疫等多方面信息。美国几家大学组成的一支研究团队获得了美国农业部（USDA）发放的国家食品安全项目资金，用于为期三年研究，采用 RFID 感应器追踪供应链中多叶绿色蔬菜的温湿度状况，希望能判断出在什么时候、什么状况下，"高风险"产品开始产生食源性致病菌感染。研究人员在运输卡车内的农产品货箱里放置 RFID 感应器，测量温湿度水平、波动的发生时间及它们可能如何对零售商销售农产品里的大肠杆菌或其他病原体的产生造成影响。举个例子，湿度水平会影响绿色食品塑料包装的渗透性，从而减少农产品上架周期。研究人员也希望利用研究结果为包装、配送专业人士提供培训，通过监测运输和配送过程中的新鲜食品，防止食源性致病菌的产生。

2.美国各级政府的服务角色

美国各级政府围绕市场需求建立了有效的支撑体系，为农业信息化创建有利于发展的环境。

（1）政策支持

政府通过提供辅助、税收优惠和政府担保等政策，刺激与引导资本市场运作，推动农业信息化快速发展。在农业信息资源的管理上，美国已经形成了一套从信息资源采集到发布的立法管理体系，并注重监督，依法保证信息的真实性、有效性及知识产权等，维护信息主体的权益，并积极促进农业信息资源的共享。

（2）美国农业信息服务体系

美国在农业数据资源采集及存储方面采取以政府为主体，构建规模和影响力较大的涉农信息数据中心，全面采集、整理、保存了大量的农业数据资源。美国农业信息服务体系主要由四个主体构成。

①政府部门的农业信息收集发布系统。

②政府支持下的农业教育科研推广系统。

③融科研、生产、推广于一体的公司系统。

④以农场为主体的民间自我服务组织系统。

（3）农业信息化网络基础设施建设及投资模式

在农业信息化的建设上，美国采取了政府投入与资本市场运营相结合的投资模式，从农业信息技术应用、农业信息资源开发利用、农业信息网络建设等方面全方位地推进农业信息化的建设。美国政府十分重视农业信息化网络基础设施建设，从20世纪90年代开始，美国政府每年拨款10多亿美元建设农业信息网络，推广技术和在线应用，农村高速上网日益普及。随着互联网和计算机技术的高速发展，美国利用自动控制技术和网络技术实现了农业数据资源的社会化共享。

（二）英国智慧农业

关于智慧农业应用在食品安全的质量追溯方面，欧洲已经实现了对农产品进行原料供应、加工、包装、销售等整个流通过程的全程追溯管理，利用农产品标识，对产品进行跟踪识别，用信息化保障食品安全。通过信息系统进行追溯时，要求在产品供应链中的每一节点，不仅要对加工成品进行标识，还要采集产品原料上已有的标识信息，并将其全部信息标识在加工成品上，以备下一个环节的加工者或消费者使用，从而实现对农产品整个流通过程的跟踪管理，排除瘦肉精、禽流感等食用农产品的安全隐患。此外，欧洲也非常重视将信息化应用于现代农业，尤其是在发展精细农业、农产品物流以及农业信息服务等方面。早在20世纪50年代，欧洲农业就开始使用现代工业技术和微电子技术。

1. 发展概况

英国较高的工业水平使英国的农业发展早早进入机械化和自动化生产阶段。在英国农业生产结构中，畜牧业占主要地位，其次是种植业。以机器人、自动控制技术、专家系统为代表的信息化技术，使英国农业进入信息化时代，提高了农产品的产量和品质。目前，英国自动挤奶设备的普及率达90%以上，一些更为先进的挤奶机器人以及开始在一些农场使用。机器人的作用不仅是挤奶，还要在挤奶过程中对奶质进行检测，检测内容包括蛋白质、脂肪、含糖量、温度、颜色、电解质等，对不符合质量要求的牛奶，自动传输到废奶存储器；对合格的牛奶，机器人也要把每次最初挤出的一小部分奶弃掉，以确保品质和卫生。挤奶机器人还有一个作用，即自动收集、记录、处理奶牛体质状况、泌乳数量、每天挤奶频率等，并将其传输到网络上。一旦出现异常，会自动报警，大大提高了劳动生产率和牛奶的品质，有效降低了奶牛的发病率，节约了管理成本，提高了经济效益。

在英国，通过加载了信息化技术的机械实现自动化已成为可能。一些养殖场利用电子智能机械手和自动配料机、送料机等进行自动化饲料配制、运输和分发。如一些农场使用的智能饲喂机器，可自动采集来到机器前的牛、猪等个体信息，并根据每头牲畜的具体情况给出不同的饲料组合和饲喂量，保证同一群体中的每个个体都能得到最合理的营养，提高牲畜的生长速度和质量。目前，英国大多数养牛和养猪、养鱼场都实现了从饲料配制、分发、饲喂到粪便清理、圈舍清洁等不同程度的智能化、自动化管理。在英国，当农场主把本农场不同地块的具体数据输入专家软件，就可以得到该地块的最佳种植方案、最佳施肥施药方案、农田投入产出分析、农场成本收益分析等。种植过程中，一些农场利用智能化、自动化控制技术开展生产作业。有的农场在作物施肥喷药机械中加装土地智能扫描仪，在作业过程中，土地扫描仪对土地状况、作物长势等进行自动扫描和数据处理，并将数据即时传输给施肥喷药设备。施肥喷药设备则根据扫描数据精准区别不同位置作物生长状况，进行变量精准施肥施药，很好地解决了因土地多样性、复杂性带来的施肥不均、施药不匀等问题。

2. 政府部门的推动

近年来，气候变化和全球农业生产竞争强度的提升，使得英国农业部门收入经历了多次明显波动。

英国相关部门认为，应对上述挑战，一方面，英国农业需要向"精准农业"迈进，结合数字技术、传感技术和空间地理技术，更为精准地种植和养殖；另一方面，需要提升农业生产和市场需求的对接能力。

在这一背景下，英国政府启动了"农业技术战略"。该战略高度重视利用大数据和信息技术提升农业生产效率。

"农业技术战略"的核心是建立以"农业信息技术和可持续发展指标中心"为基础的一系列农业创新中心。为促进农业生产和市场化、大数据和信息技术的充分融合，该中心囊括了英国国内信息技术和农业技术的顶尖研究机构和企业，包括英国洛桑研究所、雷丁大学、苏格兰农业学院等。

为了便于所有农业技术战略的参与者能够最大化实现数据的共享，英国政府为该中心确立了开放数据的政策。该中心的核心业务是搭建和完善数据科学和建模平台，以搜集和处理农业产业链上所有公开的行业数据。

3. 英国精准农业

精准农业在英国不断实践与发展，已经形成了高新技术与农业生产相结合的技术体系，且已被广泛承认是发展可持续农业的重要途径。精准农业技术体系已应用于英国许多家庭农场的生产管理。

（1）精准播种。将精准种子工程与精准播种技术有机结合，使精准播种机播种均匀、精量播种、播深一致。精准播种技术既可以节约大量优质种子，又可使作物在田间获得最佳分布，从而为作物的生长和发育创造最佳的环境，大大提高作物对营养和太阳能的吸收率。

（2）精准施肥。根据不同地区、不同土壤类型、土壤中各种养分的盈亏情况、作物类别和产量水平，将氮、磷、钾和多种可促进作物生长的微量元素与有机肥加以科学配比，从而做到有针对性的科学施肥，既可以减少因过量施肥造成的环境污染和农产品质量下降情况，又可以降低成本。

（3）精准灌溉。根据不同作物、不同生育期间土壤墒情和作物需水量，实施实时精量灌溉，大大节约了水资源，提高了水资源的利用率。

（4）精准收获。利用精准收获系统做到颗粒归仓，同时还可根据一定标准准确分级。

英国先进的精准农业技术体系系统而全面，包括全球定位系统、地理信息系统、空间技术与数据库、遥感系统、作物生产管理专家决策系统等各类信息技术及系统的集成与应用。

（1）全球定位系统。英国精准农业广泛采用了全球定位系统，用于获取信息和准确定位。英国为了提高精度广泛采用了"差分校正全球卫星定位技术"，该技术定位精度高，可根据不同的目的自由选择不同精度的全球定位系统。

（2）地理信息系统。它是构成农作物精准管理空间信息数据库的有力工具，是精准农业实施的重要支撑系统，田间信息通过地理信息系统予以表达和处理。

（3）遥感系统。遥感技术是精准农业田间获取信息的关键技术，为精准农业提供农田小区域农作物的生长环境、生长状况和空间变异信息。

（4）作物生产管理专家决策系统。它是模拟作物生长过程、投入产出分析的模型库，是支持作物生产管理的数据资源的数据库，也是作物生产管理知识、经验的集合知识库。

（三）法国智慧农业

法国的农业十分发达，法国是欧洲第一农业生产大国，是仅次于美国的世界第二大农产品出口国，农业产量、产值均居欧洲之首。

法国自然气候条件优越，适宜多种农作物生长。由于领土面积有限，法国的农业经营模式主要为中小农场。"精耕细作"的经营模式对农业的现代化程度提出了较高要求，其中，法国"三位一体"的农业信息化体系有其独到之处。

从1950年开始，法国积极推进农业机械化，到1970年就全部实现机械化。农业的机械化和自动化大大提高了农民的劳动生产效率，减轻了劳动强度，使农民有能力展开多种经营。

20世纪90年代，法国制订和实施生态农业发展计划来控制和提高农产品的品质。观光农业是法国典型的现代化农业模式，无污染且经济效益显著。目前法国正在投入大量的资金、精力来建设智慧城市，智慧农业也是其中一项重要的目标。通过新技术的整合，运用信息和通信技术、机器人技术和智能管控系统等新技术，促进多网络信息资源的共享与运用，发展生产效率更高、资源利用最少、污染最小、食品品质更好、更安全的农业生产环境。

1. 法国农业信息数据库

（1）政府主导的农业信息数据库

经过多年的发展，目前法国农业信息数据库已十分完备，其国内的农业信息主要由各级农业部门负责收集、汇总与公布。从类别看，数据库涵盖了各个农业领域，包括种植、渔业、畜牧、农产品加工等。从近年来的发展趋势看，法国农业信息正着力打造一个"大农业"数据体系，包括高新技术研发、商业市场咨询、法律政策保障以及互联网应用等。在法国政府的力推之下，法国农民足不出户便能在网上了解基本的农业信息。

（2）民间农业信息付费网站

法国社会上也自发地成立了不少农业专业协会，这些协会的网站会提供付费的、更为详尽与专业的农业资讯。法国农民可以在了解详尽的农业信息后，有针对性地及时调整农场产品的类别与产量,以达到效率最大化。

2. 政府、农业合作组织以及私人企业共同承担农业信息化建设

目前,法国的农业信息化体系呈现出"三位一体"的特点。政府、农业合作组织以及私人企业三方共同承担了农业信息化建设的服务职能,这三方的分工各有侧重,农民可以根据自身的实际需要,自行选择其中一方的信息技术支援。

(1)法国政府

法国政府在公共农业服务中占主导地位,会定期公布农业生产信息,管控农业生产销售环节的秩序,根据国际大宗商品及主要农产品的价格变动为本国农民提供最新的生产建议等。

(2)农业合作组织

法国的农业合作组织形式多样,数目繁多,但各组织均有清晰的自身职能定位。创立于1946年的法国农业经营者工会全国联合会是法国最大的农业工会组织,日常会向农民提供有关法律、农业科技、农场管理等多个领域的信息支持。农业合作组织多数处在与农民交流的"第一线",在法国农业的发展中起到了不可或缺的作用。因此,为了支持本国农业合作组织的发展,法国政府在税收、管理以及资金等多个领域向农业合作组织给予了较大的支持,以保证这一形式的机构能够更好地服务于农业生产。

(3)私人企业

服务于农业信息化的私人企业注重"订制化"服务,这一服务模式让不少农民免除了生产的后顾之忧,进一步提高了农业生产效率。

(四)德国智慧农业

德国是全球农业现代化强国,是欧盟第二大农产品出口国。德国的农业生产效率非常高,这与其拥有高度发达的农业科技及其扶持数字农业有关。德国农业的科技含量相当高,农业信息技术、生物技术、环保技术等各种技术在德国农业中都已得到应用。

德国农业利用现代信息技术,改善传统的农业经营方式。德国政府有一套完整的信息技术应用体制,向农民提供从农业生产资料供应到农产品销售、加工、运输、仓储及咨询信贷、保险等服务,已经在全国范围内建成地理信息系统、全球定位系统和遥感技术,即3S技术应用于农业资源和灾害的检测预报方面。德国注重模型模拟技术、计算机决策系统技术、精准农业技术等关键技术的研发和集成。主要的农业信息系统有德国联邦农业科技文献电子信息网络服务系统、农业生产技术网络服务系统、计算机自动控制技术、网络计算机辅助决策技术的应用等。计算机辅助决策系统为农民提供咨询服务,

如开发的麦类病害流行预测和损失预测模拟模型、生长发育模型等。应用模型可减少田间调查次数，预测病虫害发生发展的趋势，判断作物不同生长阶段的耐害能力，在农业生产中发挥积极作用。

1. 高科技应用

（1）电脑控制农业生产

德国政府十分重视高科技在农业领域的应用。在农业生产中，德国把地理信息系统、全球定位系统、遥感技术等高科技应用到大型农业机械上。农民在电脑的控制下，就可以耕地、播种、施肥、打农药等，进行各种田间作业。大型农机上可安装接收机，接收卫星信号，这些信号经过电脑处理、分析后，可为农民提供土地和粮食作物的情况信息，使其确定播什么种、施化肥和打农药的量。

电脑系统还可以根据农作物的生长情况分析病虫的危害，判断农作物不同生长阶段可能遇到的病虫害，农民可以根据这些数据提前进行处理和预防。

（2）应用物联网技术

德国许多农场里饲养的牛、羊、马身上都会安装电子识别牌，农民在喂饲料、挤奶时，可以通过电子识别牌获得这些动物的饮食状况、产奶量等信息，以便发现问题和采取适当的改进措施等。

2. 大数据应用

德国在开发农业技术上投入了大量资金，并由大型企业牵头研发"数字农业"技术。据德国机械和设备制造联合会的统计，德国 2016 年在农业技术方面投入了 54 亿欧元（1 欧元 = 7.8573 人民币，2018）。在 2017 年的汉诺威消费电子、信息及通信博览会上，德国软件供应商 SAP 公司推出了"数字农业"解决方案。该方案能在电脑上实时显示多种生产信息，如某块土地上种植了何种作物、作物接受光照强度如何、土壤中水分和肥料分布情况等，农民可据此优化生产，实现增产增收。

现代德国农民的工作离不开电脑和网络的支持。他们每天早上的工作是查看当天天气信息、查询粮食市价和查收电子邮件。现在的大型农业机械都由全球卫星定位系统（GPS）控制，农民只需要切换到 GPS 导航模式，卫星数据便能让农业机械精确作业，误差可以控制在几厘米。

（五）日本智慧农业

日本的农户人均耕地面积有限，而随着日本社会老龄化不断加剧，农业人口正在不断减少，农业就业人口平均年龄已经达到 67 岁，日本媒体称之为"老爷爷老奶奶农业"。

在这种情况下，利用互联网技术振兴农业、发展智慧农业的呼声越来越高涨。

1. 发展概况

日本不仅实现了农业现代化，而且农业整体水平已经达到了世界先进行列，主要原因是日本政府在发展现代农业的过程中不断对农业政策进行创新和完善，形成了独具特色的现代农业政策体系。日本智慧农业发展先期十分注重农业基础设施的建设，侧重对农村的通信网络如广播、电视、互联网等的建设。1994 年底，日本开发建立了农业网络 400 多个，农业生产部门计算机普及率达到 93%。20 世纪 90 年代，建立了全国农业技术信息服务联机网络（实时管理系统：DRESS），每个县都设有 DRESS 分中心，可迅速得到有关信息，并随时交换信息。日本建立了农业市场信息服务系统，主要是由"农产品中央批发市场联合会"主办的市场销售信息服务系统和"日本农协"发布的农产品生产数量和价格行情预测系统组成。政府为批发市场的运行制定了一套严密的法律。根据法律，批发市场应及时将农产品每天的销售数量及进货数量、价格公布在网上。因此，日本的农产品信息的准确、及时和全面的发布，对整个农业起到很好的指导作用。

日本建造了世界上比较先进的植物工厂。"植物工厂"（Plant Factory）一词是日本首先提出的。根据日本植物工厂的现状，植物工厂是完全控制型和太阳光利用型营养液栽培系统的总称。它是利用环境自动控制、电子技术、生物技术、机器人和新材料等进行植物周年连续生产的系统，也就是利用计算机对植物生育的温度、湿度、光照、二氧化碳浓度、营养液等环境条件进行自动控制，使设施内植物生育不受自然气候制约的省力型生产。

2. 政府十分重视农业信息化体系建设

日本政府对农业信息化体系建设的重视表现在以下两个方面。

（1）重视农村信息化的市场规则及发展政策的制定。日本政府根据农业生产生活的市场运营规则，建立了若干个专门咨询委员会，制定了一系列的制度性规则和运行性规则，约束市场各方的行为规范，并根据实际需要制定发展政策，促进市场的有序运行。

（2）重视农业基础设施的建设。日本历届政府都十分重视农村的通信、广播、电视的发展。目前，日本农林水产省正在制订一项名为"21 世纪农林水产领域信息化战略"的计划，计划的基本思路是大力建设农村的信息通信基础设施，如铺设光缆等，以建立发达的通信网络。

3. 建立了完善的农业市场信息服务系统

日本的农业市场信息服务主要由两个系统组成。

一是由"农产品中央批发市场管理委员会"建立的市场销售信息服务系统。日本现已实现了国内 82 个农产品中央批发市场和 564 个地区批发市场的销售，海关每天实时联网发布各种农产品的进出口通关量，农产品生产者和销售商可以简单地从网上查询每天、每月、年度的各种农产品的销售量。

二是由"日本农协"自主统计发布的全国 1800 个"综合农业组合"组成的各种农产品的生产数量和价格行情预测系统。

凭借这两个系统提供的精确的市场信息，每一个农户都能掌握国内市场乃至世界市场的畅销农产品、价格、生产数量，并可以根据自己的实际能力确定和调整生产品种及产量，使生产过程明确、有序。

4. 完善农业科技生产信息支持体系

日本十分重视信息技术，并将其作为载体在农业科技中推广。日本现在已将 29 个国立农业科研机构、381 个地方农业研究机构及 570 个地方农业改良普及中心全部联网。对于 271 种主要农作物的栽培要点，农户都可以从网上查询到详细信息。其中，570 个地方农业改良普及中心与农协或农户之间可以进行双向的网上咨询。

5. 发展网上交易系统

日本正在逐步完善农用物资及农产品销售的网上交易系统，于 1997 年制定了《生鲜食品电子交易标准》，建立了生产资料共同订货、发送、结算标准，并正在以电子化改造各地的中央批发市场。

6. 日本政府高度重视农业物联网的发展

2004 年，农业物联网被列入日本政府计划。当时日本总务省提供了 U-Japan 计划，其核心是力求实现人与人、物与物、人与物之间的相连，在未来形成一个人或物均可互联、无处不在的网络社会，其中就包括了农业物联网。

日本三大电信运营商 NTT、DoCoMo、KDDI 和软件银行（Soft Bank）不约而同地布局物联网技术，将其运用至农业领域，并布局海外市场。

（六）荷兰智慧农业

荷兰的农业以家庭私有农场生产为主，65.6% 的农场从事畜牧业。温室产业是荷兰最具特色的农业产业，居世界领先地位。荷兰的工业基础雄厚，其中化工、食品加工、机械与材料、电子工业技术尤为先进。世界级的大型公司如化工业的壳牌、食品工业的联合利华、电子工业的飞利浦在国际工业舞台上扮演着重要角色。在高度发达的工业化影响下，荷兰温室农业也具有高度工业化的特征。温室设施本身就是工业化集成技术的产物，由于摆脱了自然气候的影响，温室园艺产品的生产完全可以实现按照工业生产方式进行生产和管理，而且不仅体现在种植过程中有其特定的生产节拍、生产周期，还体现在产品生产之后的包装、销售方面。与工业生产如出一辙，因此被称为工厂化农业。事实上，荷兰的农业特别是温室农业是被当成工业来发展的。温室产业中广泛采用现代工业技术，包括机械技术、工程技术、电子技术、计算机管理技术、现代信息技术、生物技术等。荷兰从 20 世纪 80 年代开始开发温室计算机自动控制系统，并不断开发模拟控制软件。到 20 世纪 80 年代中期，荷兰近 85% 的温室种植者使用环境控制计算机对温室进行管理，按照不同作物的特点及需求进行自动控制，从而满足作物生长发育的最适要求。温室内的生产环节如搅拌基质、施肥、灌溉等均实现自动化管理，温室内的环境条件如温度、湿度、光照等全部由计算机监控，并智能化调控。

荷兰农业的科技含量在世界领先，不仅有发达的设施农业、精细农业，还有生产高附加值的温室作物和园艺作物，拥有完整的创意农业生产体系。

（1）在育种方面，荷兰人到世界各地搜集种子资源，进行大量的杂交育种，并从中选择各种性能优良的单株，对其进行少量繁殖，形成一个品系。

（2）在栽培方面，对同一品系编号，栽培于品种资源圃中，而后根据该品系的表现、市场潜力等进行优选，并命名、申请品种权保护和推广选出来的新品种。

（3）在种植方面，依托先进的农艺技术、温室技术和水肥技术，不断提高生产效率，实现每平方米土地产值成倍增长。

（4）在流通方面，采用高效快捷的"荷兰式拍卖"，依靠先进的物联网技术，使完成交易的鲜花在一天之内全部发送，运到世界各地，以满足鲜花对时间的苛刻要求。

（七）韩国智慧农业

韩国农业与日本农业特点较为相似，同样十分注重智慧农业的建设，建立了作物基因、作物育种、动物改良、农业图书馆和文献信息、数据统计分析的五大信息系统。同时，建立了农产品远程管理咨询系统，帮助农场主与专家进行沟通交流，专家可通过系统定期传授农业生产知识、生产技术，同时发布作物长势、病虫害预警预报等农业生产信息。韩国的温室自动化控制系统、农业生产环境监控系统十分先进，能够远程监控温室内的温度、湿度、光照等环境条件数据，农场主可远程实时控制温室内的环境条件。

（八）以色列智慧农业

以色列是世界上唯一一个在沙漠上的发达国家，常年干旱缺水，自然条件不利于农业生产，但是以色列发展了先进的节水用水技术，将以色列农业发展成为世界农业学习的榜样。在以色列，90%以上的农业采用了水肥一体化技术，由电脑自动把掺入肥料的水通过塑料管道渗入植株根部。在温室种植方面，科学家们设计了一系列软件，对温室的施水、施肥、气温及作物生长环境进行自动化控制。近年来，以色列又将先进的电子技术应用到农业机械方面，发明了装有计算机和自动装置的拖拉机，能高效完成从犁地、种植到收割的全套田间作业，并以最经济的方式保持操作速度和降低燃料消耗。农业生产部门也十分注重信息的搜集、传播和反馈，以利于将最新的科研成果与技术发明运用到农业中来；通过互联网了解国际需求动态，同时将国内状况向国际市场发布，使供需紧密衔接。

（九）国外智慧农业发展的经验及对中国的启示

1. 国外智慧农业的发展经验

（1）积极的政策导向

1966年—2014年，美国先后出台了多部法律法规来促进农业信息化发展，包括《农业研究、推广和教育政策法》《信息自由法案》《农业安全与农村投资法案》和《联邦农业完善和改革法》等。此外，美国通过实施"国家信息基础设施计划"等相关规划，为智慧农业及其产业化发展提供有力的政策支持。澳大利亚政府发布了《信息时代的机遇和挑战：2004年—2006年澳大利亚走向信息经济的战略框架》，将信息领域和经济领域确定为优先发展领域，并积极组织实施发展。

（2）有力的资金支持

澳大利亚政府正在实施国家宽带网工程规划，斥资360亿澳元（1澳元约合4.83元人民币，2018）建设国家宽带网络，彻底改善偏远地区的上网条件，将光纤通向千家万户，为农业信息化、现代化发展提供了有力保障。2015年，英国政府在财政预算中专门为农村地区宽带全覆盖项目拨款1200万英镑（1英镑约合8.58元人民币，2018）。德国政府也在农业技术方面投入54亿欧元。此外，海洋产业发达的韩国和印度尼西亚对本国发展现代海洋产业的资金支持力度也很大，值得借鉴。印度尼西亚计划在2015年—2019年投入699万亿印度尼西亚卢比（100印度尼西亚卢比约合0.05元人民币，2018）发展海洋产业，韩国政府2004年—2013年共投入5000亿韩元（100韩元约合0.60元人民币，2018）用于发展海洋产业。

（3）先进的农业信息化技术保障

美国从20世纪90年代开始建设农业信息网络，目前其农业信息化建设程度与城镇信息化程度基本处于同等水平。澳大利亚广泛应用信息技术及自动化控制技术，对土地、作物等实现精准化、差异化、智能化的操作和管理，在生产过程中大量使用自动化、智能化的农业机械,如智能化播种机、施肥机、喷洒机、抽水机、粉碎机等,而且80%的农场利用全球定位系统等实现了农机具自动化作业。法国政府十分重视农业信息数据库的建设,正在打造"大农业"的数据体系;在田间管理上,利用计算机系统进行自动化施肥、灌溉、喷药等;在农作物生长环境控制上,利用地理信息系统技术对作物生长的土壤环境条件进行数据分析,根据需要种植的农作物的具体生长需求,匹配适宜的种植环境;在农产品的生产流通上,对农产品从生产加工到流通上市的各个环节运用可视系统进行实时监控。以色列在农业发展过程中应用现代农业物联网技术、最新的灌溉技术及育种技术,农业发展成效显著。日本结合本国农业生产特点,发展适合本国农业生产的远程感知技术、跟踪监控技术、诊断技术、温室大棚技术以及农产品生产、加工和流通过程的追溯系统。

(4)创新的商品流通模式

美国农业在流通环节较早运用了电子商务技术,农业流通模式不断创新升级,由传统的线下流通模式向线上线下相结合的电子商务模式转型发展。农产品与农资的销售均构建了从生产者到购买者的网上直销渠道,形成了电子商务销售模式,改变了传统的农资与农产品流通渠道模式。农资经营者不再侧重产品的流通,而更多地关注用户需求,向综合的服务需求转变,大农资一体化的服务体系逐渐建立,农资企业向农业大数据业务进军;农产品经营者通过在线销售农产品,使农产品销售模式不断创新,比如将"私人订制"这一电子商务新思维引入农产品销售中,建立新型供销模式。

(5)完备的农民教育体系

澳大利亚政府将信息技术方面的知识纳入学生普通教育课程,政府及各州均设就业、教育和培训部门,由政府出资并制订专门的培训计划、评价指标和考核标准,由行业推动有关的大学、职业学校、实训基地等承担培训任务,确保从事农业生产经营的劳动者都能掌握一定的农业生产知识和新型专业技能,并通过多媒体和远程教育等方式为农场主提供最新的信息技术。法国政府通过实施"互联网接力点"项目,借助农村文化娱乐活动的形式培训和提高农民掌握信息技术的能力,成效显著。德国为农民提供学习计算机技术的机会,在各类学校开设针对农民的计算机网络课程,通过提高农民掌握计算机的能力来达到农业信息化的目标。日本对农民的继续教育建设十分重视,政府每年在全国开设针对农民的计算机网络知识学习培训班,并定期举办面向农民的培训班,提高农民信息技术水平。

2. 对中国智慧农业发展的启示

(1)发挥政策导向作用,强化对智慧农业的政策支持

党的十八大为中国新农村发展指明了方向,即在新农村建设过程中农业要逐步向智慧农业发展。党的十九大推进了它的进一步发展。国家在宏观层面虽然提出了智慧农业的发

展思路,但各级政府出台的相关政策相对较少。各级政府应结合国家农业发展规划,制订符合本地区实际的智慧农业发展规划,规划区域应力求合理。在政策法规上,应加强基层政策引导,制定与智慧农业发展相关的研发、推广、培训等配套政策;制定相应的发展激励政策,鼓励社会资本、有实力的农业企业、金融机构等的参与,构建由政府引导、市场化运作、企业主导、合作共赢的发展模式,完善相关法律法规,为智慧农业的发展提供法律保障和政策支持。

(2) 拓宽投资渠道,加大对智慧农业发展的投资力度

任何一个好的项目都需要资金的支持,中国智慧农业的快速发展同样需要资金的支持。第一,政府在加大涉农资金投入的同时,应建立智慧农业发展专项资金,支持智慧农业相关产业项目、科技研发、知识技能培训等。第二,政府对智慧农业相关企业的创立、经营、发展进行相应的补贴。第三,鼓励社会资本进入智慧农业领域,创立农业大数据公司和农业传感技术企业等,繁荣农业信息化市场。

(3) 加快信息化建设速度,扩大智能技术推广范围

近几年,中国农业信息化建设虽然取得了很大的进步,但与发达国家相比,仍存在较大差距。智慧农业的发展离不开农业信息化技术的发展。一是建立种养殖、农产品加工与流通等领域的大数据监测体系,完善数据库。二是推进自动化施肥、灌溉、喷药等田间管理技术应用。三是提高智能化农业机械设备研发水平。四是大力发展运用跟踪监控、远程控制及智能感知等自动化控制技术来调节农作物生长所需的温度、湿度、光照、二氧化碳浓度等。五是建立农产品加工、销售、流通各环节的电子可追溯系统。六是扩大智慧农业示范区的覆盖区域和农业智能技术的推广范围。

(4) 建立农资、农产品销售新模式

农业的规模化、现代化、智能化发展使农资销售模式发生改变,未来农资销售不能只局限于农药、化肥等传统农资,而要利用网络信息技术,发展农业技术服务,向客户推广先进的农业生产和田间管理技术;发展金融服务,提供与农业发展相关的资金支持;发展平台服务,为客户提供具有有针对性、高效的交易平台。

在农产品销售模式上,智慧农业所运用的先进科技,可以催生新的销售模式。一是大力发展"私人订制"农业销售模式,农户根据客户要求进行订单式种养殖,客户下订单的同时向农户支付预付金,使农户得到预期收益,增加收入。二是利用视频技术使种养殖农产品的种养过程实现全程可视化,客户可以通过网络平台查看农产品生产过程,订购自己所需的农产品。两种模式都提高了农产品产值和农民收益,保障客户能够得到安全、放心的食品,增加了消费者对食品安全的信任度。

（5）提高农业从业者的素质

目前，中国广大农业从业者的文化素质仍然相对较低，对信息技术和知识的掌握较差，接受新知识、新技术的主动性和能力有待提高。随着智慧农业、智能装备、移动互联网、物联网等新技术的快速发展，迫切需要掌握新技术的农业从业者进行农业生产，因此要加强对农业从业者的培训和科普教育。第一，政府应建立职业化农民培养体系，加快建立新型职业化高素质农民队伍的步伐。第二，建立对职业农民的培训制度，使农业从业者不断掌握新技术。第三，加大资金支持力度，保障培养体系正常运行。只有通过培育高素质的农业从业者才能加速智慧农业的建设步伐，从而提高农业发展水平。

二、中国智慧农业

（一）中国发展智慧农业的需要

1. 是提高农业生产效率与效益的需要

技术论证和应用实践都表明，实施智慧农业工程可实现农业大产业的精准布局、技术管控、提质增效，是解决农业生产效率低下问题的有效路径。我国要跻身世界农业现代化国家第一梯队，唯有加快部署智慧农业，推动智能装备替代劳力，从根本上提高农业生产效率。

2. 是提升农业资源利用效率的需要

人多、地少、各地资源禀赋不均衡、极端气候灾害频发，是我国的基本农情，同时面临面源污染、疫病防控等压力。展望未来发展，我国农业资源环境仍然面临硬约束，在有限的耕地与水资源条件下满足不断增长的人口食物需求，亟须转变农业发展方式，通过智慧农业工程科技来大幅提升农业资源利用效率。

3. 是确保农产品质量安全的需要

随着生活方式、消费观念的转变，城乡居民对优质、绿色、安全、健康农产品的需求量进一步加大。因食品制造涉及生产、加工、流通、销售等多个环节和主体，受到投入品、环境、技术、经营主体机会主义行为等多种因素的制约，生产者、消费者、监管部门之间的信息不对称，导致农产品质量监管难度大、食品安全事件屡禁不止，公众对农产品缺乏信心。

4. 是提升农产品市场竞争力的需要

在构建国内国际双循环的新发展格局背景下，发展智慧农业有利于提升我国农产品的市场竞争力，这是我国农业高质量发展的重要方面。我国已是世界第一大农产品进口国、第二大农产品贸易国,但在世界农产品贸易活动中的话语权和影响力依然不够。国际竞争力薄弱的关键原因在于国内生产成本较高。因此,亟须通过智慧农业技术来提升农业产业价值链,促进我国农业产业核心竞争力尽快接近农业发达国家水平。

另一方面是国内市场。在全面推进乡村振兴的过程中,促进小农户与现代农业衔接成为"三农"工作的重点。小农户在我国农业经营中的占比依然较高,应充分发挥信息服务联农带农的作用,构建面向小农户的大数据智能服务体系,让亿万小农户与大市场有效对接。在巩固拓展脱贫攻坚成果的同时,有效衔接乡村振兴,畅通城乡经济循环,让小农户增收更有底气。

5. 是实现农业科技自立自强的需要

近年来,我国实施了一批与智慧农业相关的科技项目和工程,推动北斗农机自动导航驾驶、植物工厂、无人机农业应用等技术方向达到或接近国际先进水平。但系统层面之外的一些关键核心技术仍受制于人,如高端农业环境传感、生命信息感知设备被美国、日本、德国等企业垄断,大马力高端智能装备较多依赖于进口,动植物生长模型与核心数据主要来自美国、以色列、荷兰、日本等。

随着农业进入数字化时代,智慧农业成为传统农业强国抢占农业科技制高点的重要方向。我国应掌握发展主动权,注重并保持科技自立自强,围绕智慧农业高质量发展涉及的"短板"核心关键技术,开展集中攻关与示范应用,推动自主可控,提高国产核心产品的市场竞争力,为农业农村现代化提供有力保障。

(二)中国智慧农业发展的概况

我国农业领域引进信息技术主要起源于20世纪80年代初,首个计算机应用研究机构中国农业科学院计算中心于1981年建立,同时引进FELIXC-512系统。农业部首次将农业计算机应用研究列入"七五"攻关内容,1986年创刊并公开发行的《计算机农业应用》是第一本农业信息技术专业刊物。1987年,农业部设立了信息中心,主要推动信息技术在农业生产管理中的应用,各类专用程序软件大量开发并应用于农业生产和管理。20世纪90年代,专家系统研究出现了高潮,农业系统计算机已超过万台。1992年,成立全国性专业学术团体——计算机农业应用分会。目前,农业信息技术在农业中的应用已经越来越普遍,应用目标也从最初的提高产量转变为现在的生产有竞争力的农产品,农业可持续发展、和谐农村、农业能源的有效利用和环境保护。目前,农业信息技术主要应用于占农业最大比重的种植业领域,包括智能化育种、智能化环境监控、智能化病虫害预警预报、智能化仓储等。

我国是世界农业大国，农业是我国的传统和基础产业。我国政府部门高度重视农业的发展。随着物联网技术的不断发展，越来越多的技术应用到了农业生产中。目前，RFID 电子标签、远程监控系统、无线传感器监测、二维码等技术日趋成熟，并逐步应用到了智慧农业建设中，提高了农业生产的管理效率，提升了农产品的附加值，加快了智慧农业的建设步伐。

智慧农业建设的脚步日益加快，先进的农业应用系统被广泛推广，越来越多的农民群众接受了这种"开心农场"式的生产方式。目前，利用 RFID、无线数据通信等技术采集农业生产信息，以帮助农民及时发现问题，并且准确地确定发生问题的位置，使农业生产自动化、智能化，并可远程控制。比较典型的应用有：

（1）宁波用物联网技术栽培葡萄。宁波地区通过点击鼠标，中心基站的一台电脑页面上显示一串参数，附近 66.67 平方米的葡萄园内的土壤温度、水分含量、空气湿度等一目了然。这些即时数据是由看不见的无线传输网络来完成采集和传送的，可减少人工成本 1/3 以上。

（2）郴州智能大棚。2010 年 5 月 31 日，郴州烟草专卖局将物联网技术应用于郴州烟草现代农业示范基地的建设，实时采集数据，为烟叶作物生长对温、湿、光、土壤的需求规律提供精准的科研实验数据。通过智能分析与联动控制功能，及时精确地满足烟叶作物生长对环境各项指标的要求；通过光照和温度的智能分析和精确干预，使烟叶作物完全遵循人工调节等高效、实用的农业生产效果。

（3）锦州 M2M（机器到机器）技术让农民"在家种菜"。锦州市农委成功将 M2M 技术应用于农业温室大棚监控，利用短信报警和远程监控技术实现了对农业大棚的高效管理。该系统由传感器将室内的温度、湿度、光照、二氧化碳浓度传至通信模块，由通信模块通过 GPRS 网络传到 M2M 平台，指标的数据超过预警阈值就会产生警告，平台将警告信息以短信的形式发送到大棚工作人员的手机上。同时工作人员利用远程终端登录 M2M 平台及时提取和查看数据，实现自动监控。

（4）广西农产品质量追溯升级，柑橘有了"身份证"。广西农垦源头农场全面建立农产品质量追溯系统。在源头农场，柑橘带着小小的"身份证"远销海内外。这张"身份证"就是农产品质量安全追溯系统的安全信息条码，不仅提升了农产品质量安全水平和全程监管能力，还带来了经济效益。

（5）南京某物联网公司为某农场开发的物联网技术应用案例。这家农场近 30 个标准化大棚内，布满了 40 个温度、湿度、视频、光照等类型的传感器，利用传感器采集数据，系统实时绘制出一目了然的数值空间分布场图，通过物联网模块传输数据，操作人员凭着电脑和手机就能对蔬菜进行实时了解和监控。

（6）在江苏宜兴市新建镇新建村，"物联网"技术则应用到了养殖业领域，切切实实为当地的蟹农们"养"起了螃蟹。蟹农们用手机能随时随地了解养殖塘内的溶氧量、温度、水质等指标参数，并操控自动投喂机按预先设定的间隔时长、投喂量为塘区的水产动物投喂饲料。监控几十亩的水塘，不到10分钟就可以全部完成。山东省七级镇为推广食用菌种植，2011年给冬暖棚配备智能化喷淋系统，解决了食用菌种植的技术"瓶颈"，为菌农们带来了巨大收益。

虽然目前国内在农业物联网方面的研究工作方兴未艾，也取得了较多的技术积累，但与欧美等发达国家相比，我国的农业物联网发展还处在起步阶段，尤其体现在应用方面。从已发表的论文和专利看，多数只就问题的一个侧面介入，大多数技术只是在某一生产或流通过程中进行应用，而未涉及农业生产及流通整个体系，在大面积上、大范围内对众多技术实施集成并强调综合生产成本的研究则不多见。

（三）我国智慧农业发展的现状

1. 政策方面

我国政府部门高度重视现代农业的发展，先后出台了多个政策文件，全力支持我国智慧农业的发展。目前，农业部已确定200多个国家级现代农业示范区，将重点开展5G、物联网、传感网、机器人等现代信息技术在该区域的先行先试，从而推进资源管理、农情监测预警、农机调度及无人机监测等信息化的试验示范工作，完善运营机制与模式。

2. 技术方面

随着物联网技术的不断发展，越来越多的技术被应用到农业生产中，使智慧农业的发展成为可能。

（1）物联网技术对智慧农业的影响

农业物联网技术是将信息采集、传输、控制等设备彼此相连形成监控网络，通过采集分析数据实现自动化、智能化，远程控制农业生产环境的土壤、水肥、空气温湿度等信息的网络技术。随着物联网技术在传统农业中的应用，农业生产逐渐向精准控制、远程监管的智慧化方向发展。

（2）云计算对智慧农业的影响

物联网借助云计算技术可以更好地提升数据的存储及处理能力，从而使自身的技术得到进一步完善。而如果失去云计算的支持，物联网的工作性能无疑会大打折扣。物联网对云计算技术有很强的依赖性，有了云计算技术的支持，物联网被赋予了更强的工作能力。

物联网在我国的使用率呈现逐年递增的趋势,而其所涉及的领域也越来越广泛。随着云计算技术的日益成熟,它将会对物联网发展产生积极影响。

(3)大数据对智慧农业的影响

随着我国智慧农业的发展,农业大数据也逐渐进入人们的视野。大数据对农业的影响巨大,以贵州农业为例,大数据能使贵州农业建设节省60%的投入,同时增加80%的产出。农业大数据最早应用的例子是美国政府数据开放门户网站Data.gov,该网站的内容包括植物基因组学和当地天气情况的详尽数据、特定土壤条件下最好的作物研究、降水量的变化、害虫和疾病的迹象以及当地市场作物的期望价格等数据。这些数据如果免费开放给农民、企业和科研机构,将会产生非常巨大的价值。

3. 应用方面

智慧农业建设的脚步日益加快,先进的农业应用系统被广泛推广,智慧农业建设的脚步日益加快,先进的农业应用系统被广泛推广,越来越多的农民接受了这种农业生产方式。目前,智慧农业利用FRID、无线数据通信等技术采集农业生产信息,以帮助农民及时发现问题,并且准确地确定发生问题的位置,使农业生产自动化、智能化,并可远程控制。

(1)智慧农业应用系统的应用会更加广泛

在我国未来的农业生产中,智慧农业系统的应用将更加广泛,农民看到运用先进技术带来的收益后,会主动选择适合自己农业生产的智能化系统,监控农业生产环境,以提高农产品的产量。

(2)数据处理系统将更加精准化、智能化

随着云计算技术的不断成熟,农业数据将更加精准、安全、智能。农业数据处理系统会主动分析适宜本地种植的品种及各种品种的优劣势,以供农民选择。应用数据处理系统后,农民的收益会大大增加,因此农民会更加愿意采用智慧农业生产方式。

物联网技术贯穿生产、加工、流通、消费的各个环节,实现了全过程的严格控制,保证向社会提供优质的放心食品,用户可以迅速了解食品的生产环境和过程,增强其对食品安全的信任度。基于食品安全的考虑,更多人会选择可追溯的农产品,而这从另一个方向推动着智慧农业的发展。

(四)中国智慧农业的发展趋势

美国、日本等发达国家的农业实践表明,智慧农业是农业发展进程中的必然趋势。

国外在温室生产中,采用物联网相关技术调控温度湿度、营养液供给以及pH值(氢离子浓度指数)、EC值(可溶性盐浓度)等,使设施蔬菜栽培条件达到最适宜的水平。荷兰设施蔬菜平均年产量能达到每亩 5000kg，而我国设施蔬菜的产量仅为它们的 1/4～1/3。在人力方面，国内设施蔬菜生产仍以人力为主，劳动强度大，温室年平均用时达每亩 3600 小时以上，人均管理面积仅相当于日本的 1/5、西欧的 1/50 和美国的 1/300，差距显而易见。

我国是一个传统农业大国，农业是我国国民经济的基础，因此农业是我国发展的重点领域。随着社会的发展，我国农业面临着以下几个问题：第一，人多地少，除了工业用地、城市建设用地、交通用地，未来还要考虑环保和绿色用地，农业用地会越来越少；第二，我国农作物的单产并不高，比如粮食虽然有很多品种，但因为劳动效率太低，全年产量有限；第三，我国人口体量大，粮食不能出现任何安全问题。另外，我国西部地区地广人稀，有较好的规模经营基础，但我国又是耕地严重不足的国家，同时西部地区现阶段水资源开发利用不合理，灌溉等管理方式比较落后，造成土壤复原能力差、草场退化、土地次生等问题比较严重。

智慧农业可以使土地得到科学利用，作物得到合理种植，从而节省时间和资源，提高工作效率，减少不必要的人力、财力，最大限度地降低成本。比如，智慧农业通过对庄稼肥力、水分的检测，可以科学合理地指导施肥和浇水。据统计，使用现代农业技术的农户可以节省 30% 的浇灌用水，这样不仅能大大降低各种资源和成本，还能大大提高作物的产量。

智慧农业是现代农业发展的高级阶段，国家高度重视农业现代化建设。所以说，智慧农业是我国未来农业发展的大趋势。

（五）面向 2035 年的农业发展战略

1. 我国智慧农业发展总体战略构想

（1）发展思路

按照国家部署，从当前到 2035 年是我国基本实现现代化的关键时期。加快智慧农业发展必须立足新的发展阶段，贯彻新的发展理念，实现农业高质高效发展。聚焦"保障国家粮食安全、食品安全、生态安全，促进农民持续增收"的目标，瞄准农业"新基建"、智慧种养、智慧供应链、农业智能信息服务、智慧农业相关技术产业化等方向，按照"抓重点、补短板、强弱项"的总体思路，开展重点建设。

突出农业科技自立自强，加强智慧农业的战略性、前沿性、基础性研究与关键共性技术研发，论证实施智慧农业重大科技专项与应用示范工程。攻关农业传感器与高端芯片、农业大数据智能与知识模型、农业人工智能（AI）算法与云服务等关键技术，研制高端智能农机装备、农业智能感知产品、农业自主作业（机器人）智能服务产品等重点产品。

推动高端产品在智慧农（牧、渔）场、植物工厂、农产品加工智能车间、农产品智慧供应链等的集成应用示范，培育农业软件开发与智能信息服务、农业传感器与测控终端、农业智能装备制造等配套产业。融合生物技术（品种选育）、信息技术（数字赋能）、智能装备（机器替代），建立以"AI+大数据+新一代通信技术+物联网+北斗卫星导航"为技术支撑，与农业强国发展目标相适应，达到世界先进水平的智慧农业产业技术体系。推动农业"机器替代人力""电脑替代人脑""自主技术竞争力增强"三大转变，提升农业生产智能化和经营网络化水平，强化农业质量效益和竞争力，拓展农民增收空间，助力乡村全面振兴。

（2）2025年发展路线与目标

实施农业大数据融汇治理、大数据认知分析、大数据深度学习等农业大数据共性关键技术突破，制定农业大数据标准规范，建设数字农业农村大数据中心，为数据发现知识提供支撑。研制高端植保无人机、病死畜禽无害化处理自动化装备，推动农机装备自主创新。加强农业AI、农业虚拟现实（VR）等技术基础研发，发展人机协同与农业智能系统、农业人机混合智能交互与虚拟技术；研究基于农业增强现实（AR）NVR的表型信息解析技术，利用VR技术设计动植物理想表型结构，为突破农业知识模型提供基础。

到2025年，我国农业数字化转型取得重要进展。数字技术与农业产业体系、生产体系、经营体系融合，大田规模化种植基地、设施园艺标准园、规模化生猪（蛋鸡、肉鸡、奶牛）养殖场、水产健康养殖示范场率先实现数字化转型。智慧农业科技创新体系更为健全，智慧农业产业体系基本完善，智慧农业引领农业农村现代化取得阶段性进展。具体而言，预计大田、设施、畜禽、水产生产的数字化水平分别达到25%、45%、50%、30%，生鲜农产品冷链流通率超过40%，实现质量安全追溯的农产品占比超过25%，农业数字经济占第一产业国内生产总值（GDP）的比重超过15%，行政村电子商务站点覆盖率不低于85%。

（3）2035年发展路线与目标

在高品质、高精度、高可靠、低功耗农业环境信息感知，农产品品质信息感知，高端动植物生命信息感知，农机装备专用传感器等技术方向实施攻关，基本实现农业传感器与高端芯片的自主可控，缓解智慧农业高通量信息获取难题。实施农业机器人科技创新，发展承担高劳动强度、适应性强、性价比高、可智能决策的新一代农业机器人，提升嫁接机器人、除草机器人、授粉机器人、打药机器人、设施温室电动作业机器人的技术水平，示范和推广智慧（无人化或少人化作业）农场集成技术。瞄准应用亟须开展农业动植物知识模型、核心算法与支持决策系统等共性关键技术研究，推动农业大数据智能水平提升。运用软件即服务理念，发展可适性农业云服务技术，显著降低智慧农业运维成本，为广大用户提供便捷的订制化服务。

到2035年,农业全产业链数字化、网络化基本实现,智慧农业取得标志性进展,我国进入世界农业强国前列。智慧农业的"新基建"、新理论、新技术、新装备、新产品、新业态取得突破,自主创新能力和水平全面提升,智慧农业学科与创新团队达到国际一流水平。农业主要环节的数字化全面转向农业全产业链、全环节的数字化和网络化,批量建成少人化或无人化的智慧农(牧、渔)场,基本建成"软件定义、数据驱动、装备支撑、产业融合"的智慧农业产业体系。农业传感器与测控终端、农业智能装备制造、农业软件等产业规模不断壮大,智慧农业产业核心竞争力达到国际先进水平。具体而言,预计大田、设施、畜禽、水产生产数字化水平分别达到50%、70%、75%、75%,农业数字经济占第一产业GDP的比重超过70%。

2. 我国智慧农业重点发展任务

(1) 部署农业领域"新基建",打牢智慧农业基础

推进农业农村领域"新基建"工作,建设泛在、先进、开放、共享的农业新型信息基础设施体系。加快5G网络、数据中心、仓储保鲜冷链物流等新型基础设施建设,升级国家农业农村大数据中心,形成农业大数据标准化技术和数据交换机制。开展农业大数据的深度应用,建立农业大数据智能关键技术体系,构建全新的农业知识图谱,促进数据信息转化为实际价值,实现农业信息服务精准化、智能化。

(2) 推进生产数字化转型,批量建设智慧农场

发展"天、空、地"多尺度农业资源环境信息获取网络、农业资源环境信息感知技术系统,构建多时相、多维度、高精度的农业资源环境信息获取系统与智能服务平台,支持农业资源环境监测与信息服务能力提升。攻克大田、园艺作物传感器瓶颈技术,加快"数字农情"建设,形成智能温室设施建设运行集成技术体系。针对规模化农田、温室大棚推广种植环境监测控制、"水肥药"精准施用、土壤作物智慧管理等技术装备,批量建设"无人化(或少人化)农场""植物工厂"。发展装备化养殖,应用养殖业投入品、养殖过程、产品质量等专用传感器,构建现代动物生长与发育过程的知识模型;研制养殖智能农机装备,发展基于大数据的养殖动态饲料配方、智慧育种技术,建立养殖场群体优化管理与决策大数据平台,研发养殖重点环节作业机器人;在规模化畜禽水产养殖场批量建设"无人化(或少人化)牧场""无人化(或少人化)渔场"。

(3) 建设透明供应链,构筑质量安全防线

构建农产品供应链智能化生态,研发农产品采后处理加工与冷链智能设备,革新农产品供应链运行模式以显著提升效率。发展清洁能源驱动的智能设备关键技术、冷库智慧控

制技术，推动农产品冷链行业转型升级。在农产品供应链管理中应用区块链、大数据、AI技术，对农资、生产、加工、储藏、运输等农产品全产业链的诸多环节信息进行全面监管，构建农产品供应链的数字孪生能力，提升农产品质量安全追根溯源水平。探索利用数据联盟链方式来构建新型供应链协作网络，降低供应链的信任成本，支持农产品供应链朝着绿色、智能、高效、开放方向发展。

（4）加快技术产业化进程，壮大智慧农业产业

紧跟世界智慧农业科技发展趋势，以推动重大产业项目培育为依托，平衡潜在技术需求、产业增长潜力、产品竞争力、技术带动引领性。聚焦农业智能装备制造、农业传感器与测控终端设计及制造、农业软件与新兴信息服务业三类重点创新领域，实施智慧农业相关技术产业培育工程，促进智慧农业创新链、产业链精准对接，使得"三农"发展更好获益于智慧农业科技及其产品。提高AI、5G、边缘计算、新型人机交互等信息技术在智慧农机、农业传感器、农业软件开发中的应用成熟度，提升智慧农业软硬件产品的支撑能力。发展农业智能生产作业装备、农业智能作业机器人等重点智能农机装备，实现适应性好、性价比高、可智能决策的新一代农业传感器的标准化、产业化，构建农业软件产业生态、产业集群。

（5）突出绿色生态理念，助力碳达峰与碳中和

应对碳达峰、碳中和的目标要求，以绿色生态为主线，应用数字技术赋能绿色农业，实现高标准的化肥、畜禽养殖碳排放；建设绿色智慧农业示范区，引领绿色农业高能效、高质量发展。实施耕地保护的智慧化转型，推广应用高效节水灌溉技术，提高农业水土资源利用效率。探索基于大数据驱动与多组学融合的动植物生长发育精准调控、环境变化智能应激，建立适应气候变化的现代智慧生态农业生产体系，实现精准种植和养殖，减少农业系统碳排放。推动智慧型生态保护建设，建立智慧生态保护与修复示范区，实现生态环境动态监测预警与智能监管。

第二节　智慧农业框架及技术解读

一、智慧农业的框架

（一）物联网技术信息的感知和传输

物联网被称为继计算机、互联网之后，世界信息产业的第三次浪潮。业内专家认为，

物联网一方面可以提高经济效益，另一方面可以大大节约成本。农产品生产不同的阶段，都可以用物联网技术来提高工作效率。在种植和培育阶段，应用物联网技术分析实时的土壤信息，来选择合适的农作物；在农产品的收获阶段，应用物联网技术可以实现廉价的信息采集，从而在种植收获阶段进行更精准的测算。目前，美国、欧盟等都在投入巨资深入研究探索物联网。

目前公认的物联网定义是由国际电信联盟给出的。物联网是通过智能传感器、射频识别（Radio Frequency Identifcation，RFID）、激光扫描仪、全球定位系统（GPS）、遥感等信息传感设备及系统和其他基于物–物通信模式（M-M）的短距无限自组织网络，按照约定的协议，把任何物品与互联网连接起来，进行信息交换和通信，以实现智能化识别、定位、跟踪、监控和管理的一种巨大智能网络（国际电信联盟，2005）。国内，工业和信息化部电信研究院认为物联网是通信网和互联网的拓展应用和网络延伸，它利用感知技术与智能装备对物理世界进行感知识别，通过网络互联，进行计算、处理和知识挖掘，实现人与物、物与物信息交互和无缝链接，达到对物理世界实时控制、精确管理和科学决策的目的（工业和信息化部电信研究院，2011）。通过上述两个定义可以看出，物联网需要利用感知技术对物理世界进行感知与识别，通过网络互联，进行传输、计算、处理和知识挖掘，实现对物理世界实时控制、精确管理和科学决策，包含感知、传输、处理和应用等层次。

农业物联网是物联网技术在农业生产经营、管理和服务中的具体应用，就是运用各类传感器、RFID、摄像头等感知设备，广泛地采集大田种植、设施园艺、畜禽养殖、水产养殖、农产品物流等领域的现场信息；通过建立数据传输和格式转换方法，充分利用无线传感器网络、电信网和互联网等多种现代信息传输通道，实现农业信息的多尺度可靠传输；最后将获取的海量农业信息进行融合、处理，并通过智能化操作终端实现农业的自动化生产、最优化控制、智能化管理、系统化物流、电子化交易，进而实现农业集约、高产优质、高效、生态和安全的目标。

根据信息生成、传输、应用的原则，把农业物联网分成感知层、传输层和应用层。

（1）感知层：通过传感器、RFID、GPS、RS、条码技术，采集物理世界中发生的物理事件和数据，包括各类物理量、身份标识、情境信息、音频、视频等数据，实现"物"的识别。

（2）传输层：借助于现有的广域网技术与感知层的传感技术相融合，把感知到的农业生产信息无障碍、快速、高安全、高可靠地传送到所需的各个地方，使物品在全球范围内能够实现远距离、大范围的通信。

（3）应用层：农业物联网体系结构的最高层，是面向终端用户的，可以根据用户需求搭建不同的操作平台。农业物联网的主要应用为实现大田种植、设施园艺、水产养殖以及农产品流通过程等环节信息的实时获取和数据共享,从而保证产前正确规划以提高资源利用效率、产中精细以提高生产效率、产后高效流通以实现安全溯源等多个方面,促进农业的高产、优质、高效、生态、安全。

物物相连,感知世界,物联网三大特征中,最核心的是全面感知,最基础的也是全面感知,目前技术的主要瓶颈也是全面感知。农业物联网感知技术是通过采用物理、化学、生物、电子、材料等技术获取农业生产环境信息、农业动植物个体信息,包括生理信息、位置信息等,揭示农业生产环境条件及动植物生理变化趋势,实现农业产前、产中、产后信息全方位、多角度的感知,为农业生产、经营、管理、服务决策提供可靠信息来源及决策支撑。

农业物联网感知利用传感器感知农业生产环境条件,包括对养殖水体信息进行感知;对动植物生长环境条件信息进行感知;对农作物长势、作物水分和养分信息等进行感知,实现对农业生产全过程感知,为农业生产自动化、智能化决策提供数据基础。具体感知信息参数如下:

(1)农业水体环境感知:感知养殖水体中的溶解氧、pH值、电导率、温度、水位、浊度等影响水产品生长的关键生长因子,掌握环境因子对水产品的影响规律,为水质调控决策提供数据基础;(2)土壤环境感知:感知农作物生长的土壤环境条件情况,包括土壤温度、水分、电导率及氮、磷、钾等土壤理化信息,为精准灌溉、变量施肥的决策提供数据基础;(3)农业气象感知:对农业生产环境进行感知,包括光照强度、空气温湿度、降雨量、风速风向、CO_2等,为农业生产环境调控提供数据基础;(4)农作物生理信息进行感知:通过利用现代检测技术,对农作物的茎流、冠层温度、植物胸径、叶片温湿度、叶绿素含量等信息感知,为判断农作物需水需肥量,进行精准灌溉提供数据基础;(5)动物生理信息感知:通过利用对动物脉搏、血压、呼吸、位置等信息的感知,为动物疾病预警及诊断提供数据基础;(6)农业个体感知:利用RFID、二维码、条形码、彩码的技术对农业个体进行感知;(7)农业遥感:利用遥感技术进行农业资源调查、土地利用现状分析、农业病虫害监测、农作物估产等农业应用的综合技术;(8)农业定位导航:采用GPS、GIS、移动通信网络等信息技术,感知农田作业机械位置,实现农田作业精确定位导航,为农机调度管理提供数据基础,感知农产品流通过程中的路径信息,实现流通环节全程监控。

(二)大数据的存储、集成、挖掘和模型模拟

农业大数据是大数据理念、技术和方法在农业上的实践。农业大数据涉及耕地、播种、施肥、杀虫、收割、存储、育种等各环节,是跨行业、跨专业、跨业务的数据分析与挖掘,

以及数据可视化。

农业大数据由结构化数据和非结构化数据构成，随着农业的发展建设和物联网的应用，非结构化数据呈现出快速增长的势头，其数量将大大超过结构化数据。农业大数据的特性满足大数据的五个特性：一是数据量大（volume），二是处理速度快（velocity），三是数据类型多（variety），四是价值大（value），五是精确性高（veracity）。包括以下几种：

（1）从领域来看，以农业领域为核心（涵盖种植业、林业、畜牧业等子行业），逐步拓展到相关上下游产业（饲料生产、化肥生产、农机生产、屠宰业、肉类加工业等），并整合宏观经济背景的数据，包括统计数据、进出口数据、价格数据、生产数据、气象数据等。

（2）从地域来看，以国内区域数据为核心，借鉴国际农业数据作为有效参考，不仅包括全国层面数据，还应涵盖省市数据，甚至地市级数据，为精准区域研究提供基础。

（3）从粒度来看，不仅应包括统计数据，还包括涉农经济主体的基本信息、投资信息、股东信息、专利信息、进出口信息、招聘信息、媒体信息、GIS坐标信息等。

（4）从专业性来看，应分步实施，首先是构建农业领域的专业数据资源，其次应逐步有序规划专业的子领域数据资源，例如针对畜品种的生猪、肉鸡、蛋鸡、肉牛、奶牛、肉羊等专业监测数据。

为了不断推进农业经济的优化，实现可持续的产业发展和区域产业结构优化，进一步推动智慧农业的建设进程，需要全面及时掌握农业的发展动态，这需要依托农业大数据及相关大数据分析处理技术，建设一个农业大数据分析应用平台——农业大数据平台来支撑。

在技术上，该平台应充分运用先进的数据管理技术和数据仓库技术，建设具有高效性、先进性、开放性的商务智能项目。结构上，该平台应具有良好的可配置性，满足资源、业务流程的变化。

同时随着业务的发展、业务量的增加，系统也应该具有良好的应用性及性能的扩展功能。

（三）农业智能管控、农产品冷链保鲜智能调控、农产品质量追溯、农产品电子商务等

智慧农业能够显著提高农业生产经营效率。基于精准的农业传感器进行实时监测，利用云计算、数据挖掘等技术进行多层次分析，并将分析指令与各种控制设备进行联动，完成生产、管理。

智慧农业仿佛成千上万个农业专家，可以指导千家万户进行科学生产和管理。推广这

项技术不仅能帮助各级农业管理人员及时获取各类农业生产信息和经济信息，并利用这些信息有效地指导农业生产；又能帮助农民正确选择品种，科学地进行田间管理，达到提高产量、改进质量，降低生产成本，推进农产品流通，获取更好的经济效益的目的；还能解决目前农业技术人员缺乏的问题，有效地推广和普及科学技术。

智慧农业管理系统有以下功能模块：实时传感数据采集模块、智能分析模块、联动控制模块、质量监控模块等。实时传感数据采集模块能实现实时数据采集和历史数据存储，能够摸索出农作物生长对温、湿、光、风的需求规律，提供精准的实验数据；智能分析模块和联动控制模块能够及时精确地满足农作物生长对环境各项指标的要求，比如通过对光照和温度的智能分析和精确干预，能够使植物，特别是名贵花卉的花期完全遵循人工调节；质量监控模块通过5G摄像头远程监测大棚内部农作物长势，使用无线传感器网络实时采集大棚内部温湿度和光照数据、土壤水分，通过5G无线网络远程控制大棚内部设备，使用无线通信，实时显示播报生态区的动态。另外，还可以产品追溯码为信息传递工具，以产品追溯标签为表现形式，以查询统计为服务手段，实现农产品从生产基地到零售市场的全过程质量监管。

二、智慧农业的技术

智慧农业的目标是将信息化、自动化、机械化等高新技术引入农业生产各个环节，从而提高农业生产效率、优化传统生产模式，它可以应用在各种农业生产场景中，目前智慧农业已应用到一些典型的生产场景，并取得了一定的成效，累积了经验和教训，为以后的推广和规模部署提供了参考。

（一）物联网技术

物联网技术是以互联网为代表的信息技术的集成，具体包括以下几个方面。

1. 无线传感器技术

智慧农业系统采用无线传感器技术收集农业生产参数，如温度、湿度、氧气浓度等，采用自动化、远程监控技术监测农作物的生长环境，将采集到的数据处理和汇总，并上传到农业智能化信息管理系统中。

2. 远程控制技术

系统根据监测到的农作物的生长参数，对比标准值灵活调整生产条件，如采取远程控制技术调节二氧化碳的浓度，控制大棚湿度、温度等，有效提高了农业生产管理的智能化水平。

3. 无线射频技术、射频识别技术

智慧农业利用无线射频技术、射频识别技术，建立农产品安全管理信息系统。该系统可回溯到农产品的每一个生产环节，不断提升农产品的技术含量和附加值。

4. 无线通信和扫描技术

智慧农业利用无线通信和扫描技术，建立无线传感信息系统。该系统实时采集农作物生产过程中的指标和环境参数，科学布局农业生产结构，合理搭配农作物品种，采用科学检测方法确定农作物的健康状态，促进农作物生产管理向精细化、科学化的方向发展。

（二）云计算技术

云计算技术在农业生产管理中具有很广泛的运用空间，智慧农业可以利用其集约化、动态化资源分配和管理的优势，建立现代化、集约化和科学化的农业生产技术运用平台。目前，许多省市正在建立现代农业信息平台，该信息平台可以收集农作物种植、生产加工、物流运输和市场消费数据，形成不同类别的管理报表和数据库，为开展科学分析提供充分的数据信息参考。

云计算系统可执行数据收集、分类、保密等操作指令，按照一定的规则和方式存储、调用和共享云数据。通常，县级农业主管机构负责收集农业生产信息和数据，基层农业生产机构监督数据，而云计算系统则专业加工和处理数据，这些数据可为生产管理者提供参考。

（三）大数据技术

大数据技术是指采用统计学理论和方法，通过精细化分析、聚类、总结海量数据，找出有价值的目标数据资源，分析繁杂事务中的本质关系；通过比较不同层次、维度、历史和现代数据，找出有规律性的东西，得出有价值的结论。

在农业生产和管理领域中，大数据技术有广泛的运用空间，具体应用有以下几点。

（1）大数据技术能提取历年来农业生产的灾害数据、土壤肥力等参数信息、农产品市场需求数据等，采用统计分析方法，通过实证分析和案例比较，为智慧农业发展提供有益的信息参考和指导。

（2）大数据技术能利用农业资源数据，如水资源、大气环境、生物多样性等资料数据，研究我国农业发展面临的资源、环境和生物多样性的问题，在对农业生产进行综合调查的基础上，提出有针对性的改进措施。

（3）大数据技术能通过收集农业生产、生态环境数据和参数，如土壤、空气、湿度、温度、日照等数据，建立数学回归模型、预测模型，科学分析农业生产的条件和环境。

（4）大数据技术能通过收集农产品生产、加工、物流和仓储数据，如生产者、加工流程、产业链、物流体系、库存管理、市场销售等数据，建立覆盖生产前、中、后的数据库系统，分析农产品生产安全问题，切实提高农产品安全管理水平，为广大消费者提供可靠的食品供应。

（5）大数据技术能利用农业生产监控技术，如远程视频技术、实时数据采集技术、自动化控制技术等，分析农业生产过程中存在的问题，为农业生产、农产品加工提供科学指导。

第三节　大数据助推智慧农业发展

一、大数据加速作物育种

传统的育种成本往往较高、工作量大、花费久，大数据的应用可以加快此进程。过去的生物调查习惯在温室和田地进行，而现在的生物调查已经可以通过计算机运算进行了，海量的基因信息流可以在云端被创造和分析，同时进行假设验证、试验规划、定义和开发。在此之后，只需要有相对很少的一部分作物经过一系列的实际大田环境验证，就可以高效确定品种的适宜区域和抗性表现。这项新技术的发展不仅有助于低成本、快速地决策，而且能探索很多以前无法完成的事。

大数据分析，可以助力生物工程研究出具有抗旱、抗药、抗除草剂的作物，从而进一步提高作物质量、减少经济成本和环境风险。

二、精准生产——预测市场需求

在网上，我们会看到或听到农户农产品滞销、瓜果蔬菜贱卖或烂在地里的新闻，其实原因归咎于市场供需问题。如果能把农业产销市场中的数据汇总起来，指导合理生产实现"供需平衡"并非难事。

例如，某地苹果产量高，但当地的市场需求量却很小。我们通过大数据采集技术发现某地苹果的市场需求高，那么当地农业管理部门就可以联系该地区的销货商，将苹果售往该地区。当地农业管理部门还可以提前通过大数据平台采集消费者的需求报告，并进行市场分析，提前规划生产，降低生产风险，帮助农户在农事方面做出更明智的决策。

三、以数据驱动的精准农业操作

在近几年,种植者通过选取不同作物品种、生产投入量和环境,在上百个农田进行了田间小区试验后,知道了如何将作物品种与地块进行精准匹配。

如何获得环境和农业数据?现代农业通过遥感卫星和无人机可以管理地块和规划作物种植适宜区,预测气候、自然灾害、病虫害、土壤墒情等环境因素,监测作物长势,指导灌溉和施肥,预估产量。随着 GPS 导航能力和其他工业技术的提高,生产者可以跟踪作物流动,引导和控制设备,监控农田环境,精细化管理整个土地的投入,大大提高了生产力和盈利能力。

如果没有大数据分析技术,数据将会变得十分庞大和复杂。数据本身并不能创造价值,只有通过有效分析,才能帮助种植者做出有效决策。

四、大数据实现农产品可追溯

农业大数据技术平台可以追踪农产品从田间到餐桌的每一个过程。RFID 标签可以记录农资和食品生产过程中的各种信息,如产品 EPC 信息、出货信息等。在流通环节中工作人员可以验证上一环节的信息,并将新的信息,如物流企业信息、车辆信息、出发地、目的地、货物批次信息等写入 RFID 标签和中心数据库中,使信息能够传递到供应链的下一环节。在销售环节中,工作人员可以验证上一环节的信息,并将销售信息、出货/进货等信息写入 RFID 标签和中心数据库中。在消费者环节中,消费者可以通过互联网或者手机拍摄农资小包装上的二维码图片,并将其发送到后台,查询该商品的整个流通信息,从而验证商品的真实性。

五、加强农业环境监测

农业大数据可以通过传感器检测农作物的生产环境,从而感知农作物的生产。农业大数据采集农作物生长环境中的各项指数数据,再把这些采集的数据放到本地或云端的数据中心,从而分析农业生产的历史数据和实时监控数据,提高对作物种植面积、生产进度、农产品产量、天气情况、气温条件、灾害强度和土壤湿度的关联监测能力。

比如,系统监测到大棚里的土豆土壤湿度不足,那么系统就可以及时补充土壤湿度;如果监测到三号大棚的辣椒色泽浅,那么就可以通过监测数据分析出原因,如果是缺乏养分那就需要及时施肥。试想如果在作物的生长过程中,气候灾害可以得到规避及科学有效的防治,种植方法也可以得到有效指导,那么随之而来的将会是产量的稳定甚至提高,能从源头上提高农业的生产效率。

六、拉动农业产业链

农业大数据运用地面观测、传感器和 GPRS 信息技术等，加强了农业生产环境、生产设施和动植物本体感知数据的采集、汇聚和关联分析，完善了农业生产进度智能监测体系，提高了农业的生产管理、指挥调度等数据支撑能力。同时，农业大数据技术在种植、畜牧和渔业等关联产业生产中的应用也在不断推广，拉动了农业产业的整体内需，从农业生产到农业市场、农产品管理，农业大数据将会大幅提高农业整条产业链的效率。

现代农业通过利用农业大数据，实行产加销一体化，将农业生产资料供应，农产品生产、加工、储运、销售等环节链接成一个有机整体，并组织、协调和控制农业中的人、财、物、信息、技术等要素的流动，以期获得农产品价值的增值。打造农业产业链条，不但有利于增强农业企业的竞争能力，增加农民收入和产业结构调整，而且有助于农产品的标准化生产和产品质量安全追溯制度的实行。

七、加强农业技术指导

现代农业通过大数据技术，集合病虫害防治、土地科学施肥、农资溯源、大棚监控等多学科技术的应用，利用 5G 网络，能指导农业用户在实际生产中的具体操作，农业大数据是农业用户迫切需要的应用系统。

第四节　构建智慧农业平台助推农业经济发展

农业大数据技术，是现代科学技术中，最具实用价值、经济价值、发展价值的重要创新技术之一，结合当前农业产业的具体发展情况，在改善农村产业经济结构等方面，彰显出独有的经济价值和推动作用。随着国家对于农业经济的持续性关注和重视，以农业大数据平台为核心的农业经济管理现代化即将成为现实。通过农业大数据技术应用，相关政策、企业、资本可更为精准地投入农业经济的建设发展中，对构建全方位、一体化、高科技的农业经济发展格局，具有不可估量的价值和影响。

一、避免管理问题的产生

农业大数据平台的构建可以实现在农业经济管理工作中避免相关问题的发生。例如，大数据会结合当前常见的农业经济管理问题，进入系统化、科学化、数字化的分析模式，为农业经济的管理人员提供前期预防策略，同时做好相关问题的紧急预案，在系统和模式中，实现农业经济管理体系的蜕变，用科学和数字来进一步表达相关管理措施的实施成效。与传统人工管理模式存在量和质的区别，人工管理由于存在一定的主观因素，造成管理过程中会出现一些判断误差，从而影响管理工作的具体成效。而应用农业大数据平台，可以实现管理方案的有效提升，以科学技术为主要检测标准，对农业经济的管理实行数字化管控模式，不仅降低了相关问题的产生，同时还能够提升日常工作的管理效率，以最佳的管理模式和管理方案，实现农业经济管理的最佳呈现效果。

二、构建农产品新型供销体系

基于大数据平台的技术优势，构建农产品新型供销体系成为当前农业产业发展的重要选择方式。大数据技术能够实现农产品销售与客户需求的有效结合。另外，构建相关供销体系平台，实现对当前农产品需求的深入调研，从客户需求、产品分类、供求关系等数据模型进行全方位、系统的分析和研究，从而对当前的供需市场进行进一步分类和细化，帮助农业种植人员以及养殖人员对未来市场的发展态势做出进一步的了解和认识，从而建立相应的发展方案。基于当前大数据平台的全方位构建，进一步提升农产品生产的未来发展形势，以最佳的优化策略，实现产销服务的最佳提升效果，同时针对农业产业的原料成本损耗实现进一步的降低和优化。

三、电子商务平台的无缝连接

大数据平台，利用技术的强大优势，助力相关电商平台，实现产销一体的产业结构模式，为农户实现最大的种植效应，同时减少相关中间商，实现产品直达的最佳销售模式。通过电商平台的全网推广效应，结合大数据技术的有效甄别，进一步筛选相关意向客户，实现销售的精准把控。与传统农业产品销售模式不同，在电商平台可以对农产品进行订制化预售，进一步实现产品销售有保障，产品质量有提升，产品利润有增长，从而构建全方位电子商务营销体系，实现农业经济的快速增长。减少相关中间商，可以助力农户农产品利润的有效增长，另外针对农业产销模式，进一步优化和提升，开展团购、企业购、小区购等相关模式，进一步降低农产品销售价格，实现商品价值最大化的体现。最后，以大数据平台的技术优势为主要关注焦点，实现技术的精准覆盖，助力我国农业产业的蓬勃发展。

四、强化农业技术与科学团队的合作成效

农业经济的创新性发展模式，是基于科学和技术的有效融合，增加对于农业技术的投入，不仅会为农户带来更为丰富的经济效益，还可以实现农业产业的快速增长。结合当前科学前沿的技术团队，有效应用当前的农业生产技术，以大数据技术服务为核心，实现农业种植技术的全方位升级和优化，最终在相关电商平台中，可以独占技术产业优势，实现价值和产品的双丰收。

参考文献

[1] 李秉龙,薛兴利.农业经济学[M].3版.北京:中国农业大学出版社,2015.

[2] 李周,杜志雄,朱钢.农业经济学[M].北京:中国社会科学出版社,2017.

[3] 赵维清,姬亚岚,马锦生等.农业经济学[M].2版.北京:清华大学出版社,2018.

[4] 江东芳,吴珂,孙小梅.乡村旅游发展与创新研究[M].北京:科学技术文献出版社,2019.

[5] 李景惠,吕东升.农村经济学[M].长春:吉林大学出版社,1990.

[6] 徐唐龄.农村经济学[M].北京:中国金融出版社,1987.

[7] 杜兴华.农村经济学[M].北京:农业出版社,1992.

[8] 张虎林.农村经济学[M].北京:国际文化出版公司,1988.

[9] 刘明等.现代农村经济学[M].北京:中国林业出版社,1997.

[10] 鄂海红.大数据技术基础[M].北京:北京邮电大学出版社,2019.

[11] 王志.大数据技术基础[M].武汉:华中科学技术大学出版社,2021.

[12] 陈久华.智慧农业[M].南京:江苏凤凰教育出版社,2017.

[13] 江洪.智慧农业导论——理论、技术和应用[M].上海:上海交通大学出版社,2015.

[14] 王建,李秀华,张一品.智慧农业[M].天津:天津科学技术出版社,2019.

[15] 李伟越,艾建安,杜完锁.智慧农业[M].北京:中国农业科学技术出版社,2019.

[16] 马丽婷.智慧农业[M].北京:中华工商联合出版社,2017.

[17] 吕翠华.旅游学[M].上海:上海财经大学出版社,2017.

[18] 谢春山.旅游学[M].北京:北京理工大学出版社,2017.

[19] 皮广洁.农业资源利用与管理[M].北京:中国林业出版社,2000.

[20] 谢立勇.农业自然资源导论[M].北京:中国农业大学出版社,2019.

[21] 赵俊仙,胡阳,郭静安.农业经济发展与区域差异研究[M].长春:吉林出版集

团股份有限公司，2018.

[22] 余磊.大数据背景下农业经济与旅游业结合发展模式研究[J].南方农机，2021(23).

[23] 王晓凤,胡文祥.探索大数据在构建智慧农业过程中对农业经济管理的重要影响[J].农业工程技术，2020（24）.

[24] 黄兴光.区域农业经济的发展对中国经济贸易的作用分析[J].山西农经，2017(2).

[25] 胡欣.大数据统筹下区域农业经济精准发展模式的创新策略[J].农业经济，2020（10）.

[26] 黄宁.大数据时代的到来[J].计算机产品与流通，2017（12）.

[27] 毛建品.大数据在农业经济发展中的应用思考[J].南方农业，2019（5）.

[28] 杜华民.农业结构与市场经济规律的协调发展分析[J].农业经济，2012（12）.

[29] 吴善善.当代中国农业劳动力的价值问题与对策分析[J].改革与开放，2010(22).

[30] 刘建波，李红艳，孙世勋等.国外智慧农业的发展经验及其对中国的启示[J].世界农业，2018（11）.

[31] 赵春江，李瑾，冯献.面向2035年智慧农业发展战略研究[J].中国工程科学，2021（4）.

[32] 徐启龙，马爱艳.我国农业发展策略[J].合作经济与科技，2022（5）.

[33] 段小燕，王静，彭伟.我国农业资金配置的症结分析[J].中南财经政法大学学报，2014（3）.

[34] 闫文收，吕德宏.中国的农业资金与农业发展[J].北方园艺，2011（8）.

[35] 黄国富.中国区域经济发展存在差异的成因及对策[J].环球市场信息导报，2016（10）.